JN071121

子どもが輝く授業を

わたしの美術実践

幸野哲良

一莖書房

「ビン」（六年生）

「火にとび込むミコ」(一年生)

「うし」（一年生）

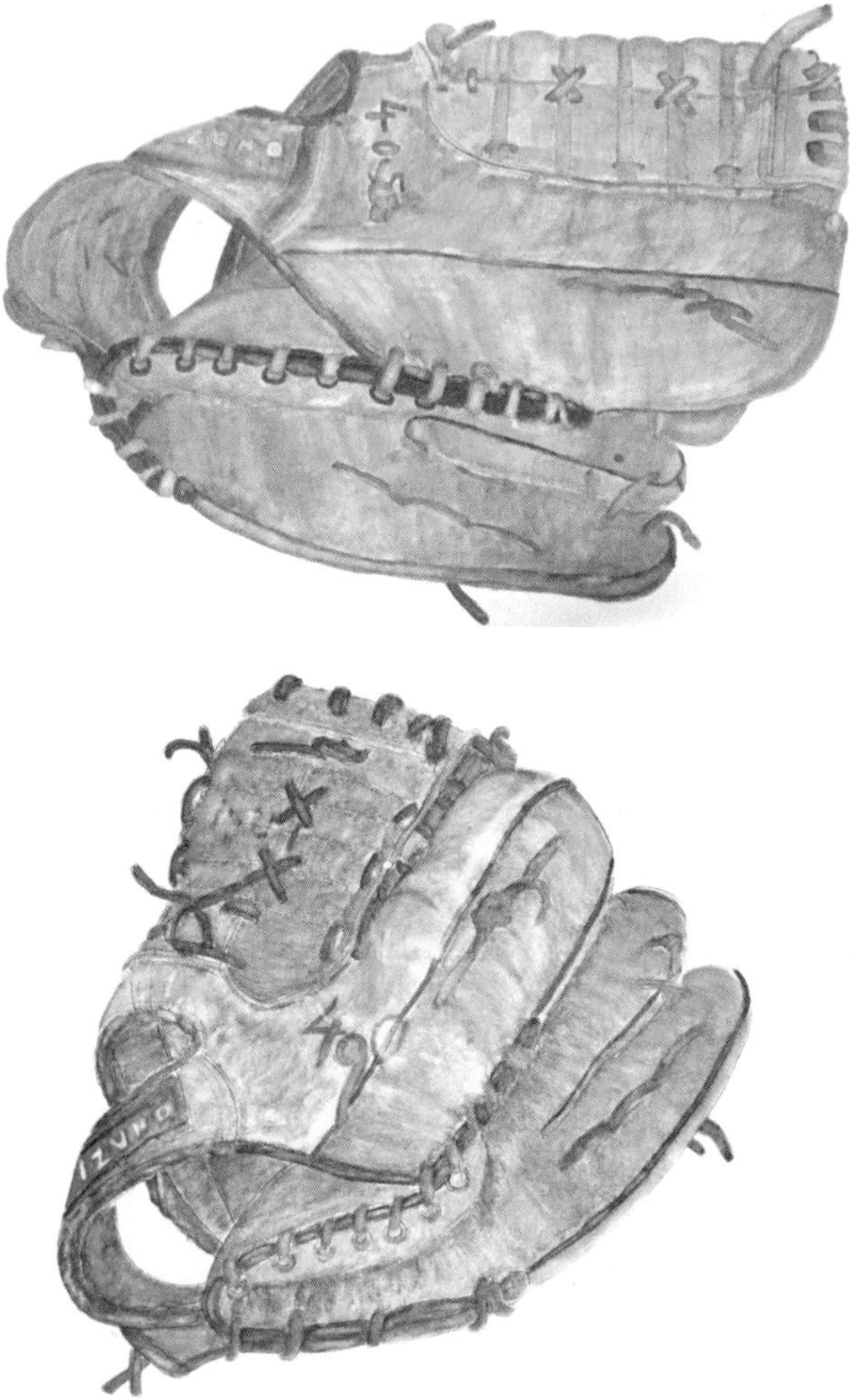

「グローブ」（四年生）

目次

六年生　絵画「ビン」（昭和五十二年度）

昭和五十一年度の五年生の九月二十一日。

この日は、五時間目に、雨が降りそうな空模様になっており、秋の花の写生に取り組んでいた。

二人の女子が同じ場所で、鶏頭の花を描いている。時間はあるのに鉛筆は少しも進んでいない。二人とも、画用紙の真ん中に、真っ直ぐ一本の鶏頭が、まるでマッチ棒のように寂しく描かれていた。

一人の女の子は、「こんなの面白くない」なんて言っている。大雑把な子だから仕方がないとその時、私は思っていた。二人で一つのパレットを使っていた。

ふじ子は、かなり早く出来ていた。もうバックを塗り始めている。男子と口げんかをしながらの仕事である。色を置くようにして描いた茎が意外と生きている。しかし、まだボケた線があり、花がはっきりと浮かび上がった絵になっていない。技術的な問題なのか、花に描くだけの価値を感じていないのだろうか。

私の新任の2学期の話である。うまく描けないのは、子どもの取り組む姿勢に集中力が足りないからだという気持ちを幾分持っていた。

そんな中、石川県の東陵小学校の全国公開に参加することが出来た。

私が、五年生を担任しているので、池本洋子先生の五年生の教室で学ぼうと、はやる心を抑えながら、教室へ向かった。

教室へ入ると、子どもたちのほほは赤らみ、ニコニコしながら授業の開始を待っていた。後ろのドアから入って、ふと右の壁を見たら、葉鶏頭の花が全紙の半分くらいの大きさの紙に、たわわに咲いていた。描かれていたというより、やはり咲いていた。

自分の教室の子たちの鶏頭の作品を思い出した。うっと胸にこみ上げる物があり、涙が出てきた。廊下へ出て涙を拭い、気を取り直して、教室内へ戻った。

よく見ると、教室前黒板の左側にも、大きくて、ふわっとふくらみかけた葉鶏頭の絵が掲示されていた。のびのびした筆の運びである。

国語の授業が始まった。「おじいさんのランプ」で、おじいさんが、池の周りにランプをぶら下げて、石を投げて割る場面である。授業が進むにつれ、子どもたちの頬は、透き通ってきて、綺麗なピンク色になっていくではないか。

それに引き比べ、私のクラスの子の頬の色は、こげ茶色に近く、綺麗に透き通ってなんていなかった。そう思うと、また涙が出てきた。授業という物は、こんなに人間を美しくする物なのかと感じた。

東陵小の一年生の子たちは、人数が二十人いなかったと思うが、合唱の発表では、舞台の下に並んで、身体をいっぱいに使い、顔を口ばかりにして歌っていた。

一人ひとりにすごい迫力があった。今までの自分ではいけないと反省させられた。国語の授業で、体育や合唱の発表で、ショックを受けた初めての体験であった。

東陵小学校は、私の授業実践の原点の一つとなった。いい仕事をしたいという気持ちと受け持ちの子たちに悪かったという気持ちでいっぱいになった。

斎藤先生の指導を受けたい。自分を変えたい。と言う気持ちが、冬の合宿研究会へ何か仕事を持っていき、見てもらおうという意欲に変わっていった。

1　五年生　初めてのビンの絵　(昭和五十一年度)

絵画の指導の方法には三つある。

1、自由に描きなさい。

2、型の押し付け。描き方指導。

3、一人ひとりが対象をしっかりととらえ、自分で考えて表現していく。機が熟すまで描かせない。

例えば、レモンを持ってきて描きましょうといっても子どもたちの心を深く揺り動かすことは出来ない。子どもが何かを発見して、対象と向き合っていくように教師は働きかけなければならない。

教師の仕事は、いかに子どもを対象に近づけさせるのか。せまらせさせるのか。それにかかっている。

「ぼくも描いてみたい」と思うような指導の出来る教師になりたいと今も思っている。

こんな思いを抱かせてくれたきっかけは、「教授学研究の会　冬の合宿研究会」で、飛び入りで作品を発表させてもらい、斎藤喜博先生から「もう一度描かせてみるのもいいですね」と声をかけていただいたからである。力のある先生方の発表作品に憧れて描かせただけのビンの絵を、もう一度挑戦してみたらと提案され取り組んでみた。

初めて描かせたビンの絵は、色も薄く形もしっかりととれていなかった。見るからに生命力を感じられない絵であった。就職して二年目であり、とにかく実力をつけたいという思いでいっぱいであった。

2　六年生になって　二回目のビンの絵

五年生、六年生と持ち上がった。

二回目に取り組むとき、形を整え色の濃さを増すことを課題とした。

下地に、堀江優氏から学んだ、「太陽の色・黄色」を置き、光のあるところは水をつけた筆で、はいでいく方法をとった。ボリュームが増し、ビンに安定感が出てきた。子どもたちも満足していた。中には、額に入れ宝物のようにして家で飾っている子もいた。作品をもらえる子たちから、貰ったため、全員の作品が残っているわけでは無い。

斎藤先生に「もらえる作品は、もらってとっておいて、研究に役立てるといい」と教えていただけた。

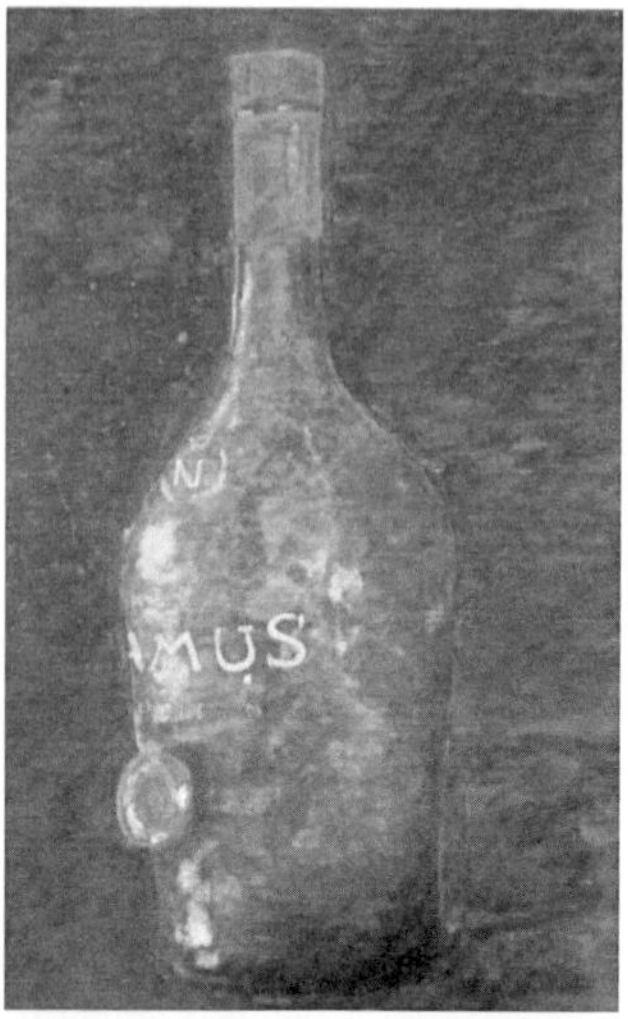

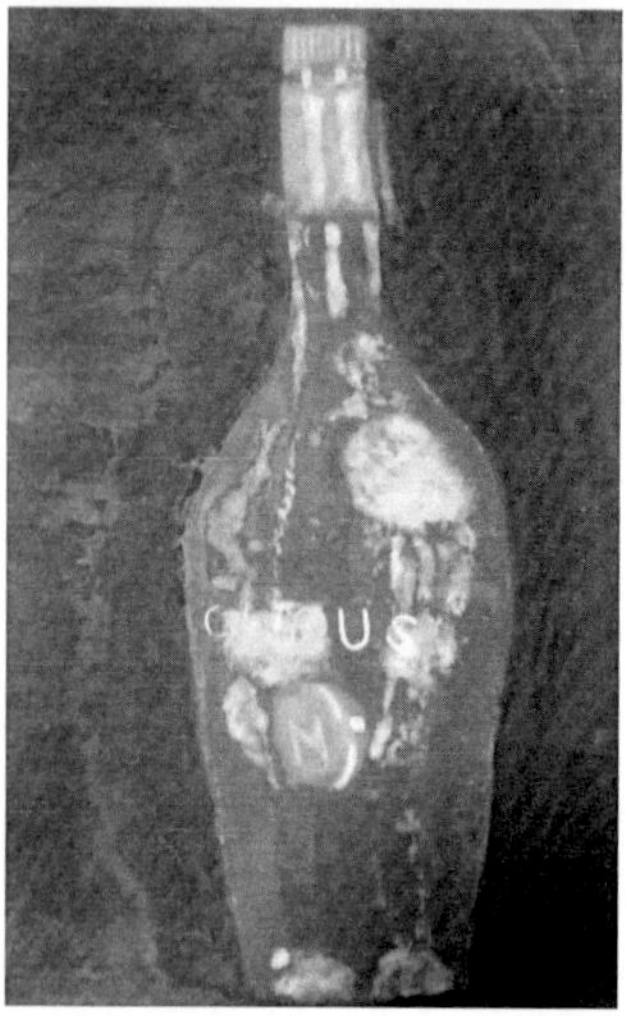

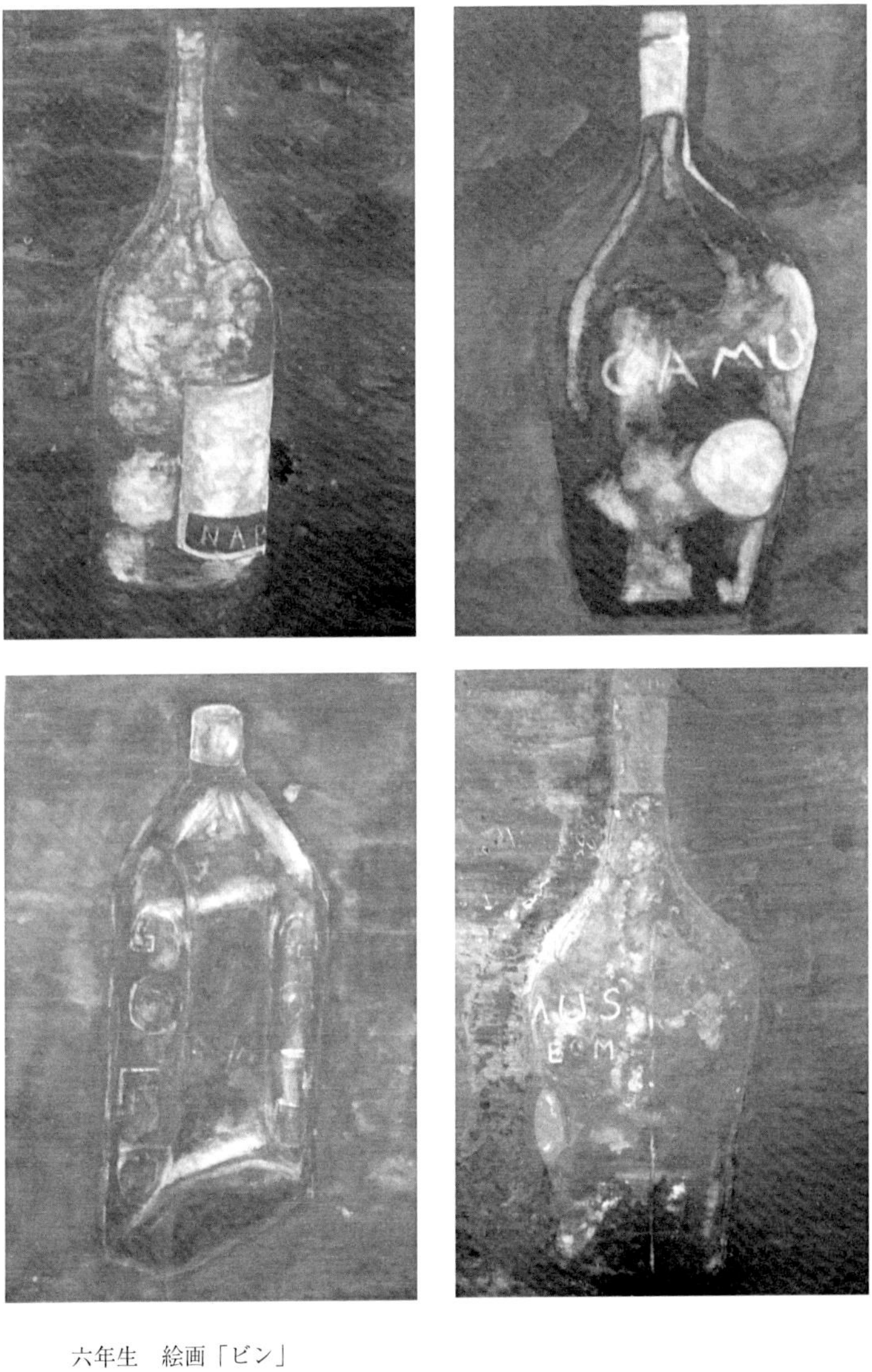

9　　六年生　絵画「ビン」

模擬授業での介入（昭和五十三年十二月）

教授学研究の会　冬の合宿研究会

この記録は、昭和五十三年十二月の、湯ヶ島での教授学研究の会冬の合宿研究会のときの模擬授業の記録である。畳の部屋に百数十人の参加者が坐り、中央に二十歳代の男女の教師が二十人ばかり生徒になって坐った。授業者は二十五歳の男の教師であり、介入者は大学の教育研究者だった。

教材のプリントは世話人のほうで用意しておき、その場で参加者にくばった。授業者と介入者だけには前夜教材を渡しておいた。授業が終わったあと全員で問題の整理をしている。授業はつぎのようになっている。――斎藤喜博

授業者　幸野哲良
介入者　松平信久
コメント　斎藤喜博

1　教材

雨くん

「パラ　パラ　パラ」

と、音を　させて、雨くんが　やって　きました。

「スル　スル　スル」

と、じどうしゃが、はしって　きましたが、雨くんに　であうと、すっかり　ぬれて
しまいました。

「パカ　パカ　パカ」

と、おうまが　かけてきましたが、やっぱり、雨くんにであうと、びっしょり　ぬれ
て　しまいました。

「おもしろい、おもしろい」

と、雨くんは　おおよろこびで、こんどは、すこし　大きな音で　ふりはじめました。

「ピチャピチャ、ピチャピチャ」

するると、こんどは、男の子が、レーンコートを　きて、かさを　さして　やってきました。

雨くんは、かさと　レーンコートの　ために、どうしても、その　男の子を　ぬらすことができません。

「ザーザーザー」

おこった雨くんは、ちからいっぱい、ふりましたが、男の子は、へいきで、あるいています。

「ザーザーザー」

雨くんが　あとに　ついて　いくと、男の子は、うちの　中へ　はいって　しまいました。

「おかあさん、ひどい　雨ですよ」

と、男の子の　こえが　きこえました。

「ピチャリ　ピチャリ　ピチャリ」

と、雨くんは、ガラスまどを　たたきました。

レーンコートを　ぬいだ男の子と、小さな女の子が、ガラスまどの　ところへ　きていいました。

「雨くん、こんにちは」おこって　いる　雨くんは、へんじを　しないで、ただ、ガラスまどを　たたきました。

「ピチャリ　ピチャリ　ピチャリ」

「こんにちは、雨くん。きみは　どこから　きたの」

と、男の子が　いいました。

「とおい　にしの　ほうから。ピチャリ　ピチャリ」

と、雨くんは　こたえました。

「ごきげんよう。おやすみなさい」

と、小さな　女の子が　いいました。

雨くんは、きげんを　なおしました。そして、

「おやすみ」

と　いって、やねの　うえで、あさまで、

「ピチャピチャ。パラ　パラ」

と、しずかに　うたを　うたって　いました。

あさに　なると、雨くんは、とおくの　ひがしの　ほうに　いってしまいました。

（こくご　一ねん下〈教育出版〉）

2　模擬授業

授業者　雨がどこにあたっているかを頭の中に思い浮かべながら、声を出して、一度読んでください。

注……これはやはり、的確な発問ではない。

……生徒、ばらばらに読んでいる。二分五十秒で読み終わる。

注……このとき、一人ひとり、しずかな落ちついた、よい読みぶりをしていた。小さい声だが、小鳥のさえずりのように、一人ひとりの声が、それぞれの内容を持って聞こえてくる。ザーザーザーのところも、「ザァー、ザァーッ」と強く読んでいる読み方、「ザアザアザア」というふうに、身ぶりをつけながら内面的に読んでいる読み方、それから、「ザアーッザアーッ」と大きく読んでいる読み方などがあった。それらが明確に聞こえてきた。しかし授業者は、それをみているだけで、少しもとらえなかった。感動もしなかった。だから読み終わったとき、具体的に感動したり、問題点を指摘したり、整理したり、手入れしたりすることなく、無造作に「誰か読んでください」と言ってしまった。

授業者　それじゃ、誰か読んでください。……手をあげて。いないですか。（笑）いないと、あてることになりますよ。それじゃ、前から二人目の女の人、読んでください。

……女子朗読。（以下坐ったまま朗読する）大変いい読みをしている。「パラ　パラパラ」は、「ぱらーあ　ぱらーあ　ぱらーあ」と読み、「おもしろい、おもしろい」は、早口に前へ向かってつづけて読む。

注……朗読が終わったが、授業者は何の発言もしない。二十五秒たってようやく発言したのだが、朗読の特長なり、自分の感動なりを具体的に出すことをしない。教師がそういう具体的な作業をすることによって、一人が生かされ、それが他へも影響し、他も生かされる。こういう間々に入れる作業が授業には必要である。一方的に講義をするという形も教育の仕事にはあるが、それでは授業という営みにはならない。授業というものではない。授業として捉える場合は、何十人かの生徒の一人ひとりが出すものを使いながら、他へ影響を与えていく、組織していくということがあってはじめて授業となる。

授業者　えっとね、最初の「パラ　パラ　パラ」というところ、今の人とは違う読み方で読める人いますか。……はい、うしろの人。

……男子朗読。(「パラ　パラ　パラ」と、音をさせて、雨くんがやってきました。)
授業者　はい、最初にやった人と、それから後でやった人の雨の感じは違いますね。
最初は、「パラ　パラ　パラ」っていうふうに、こう、少し強くもっていったんだけど、うしろの男の人は、「パラ、パラ、パラ」っと、こう、ゆっくり落ちるように、こう、降っているっていうか、読んでますね。
……二十五秒間空間。
授業者　この雨は強いんでしょうか、弱いんでしょうか、一番最初の雨は。……はい。
女子　弱いと思う。降り始めだから。
授業者　降り始めだから弱い。ほかに。
女子　すっかりぬれちゃうんだから、たくさん降ってないと……。
参観者　それをもっと大きい声でやってもらえんですか。聞こえないんですが。
授業者　すっかりぬれてしまうから。
斎藤　さっきの人に、もう一回、言ってもらったら。(授業者が参観者の声を無視しているのでこう言った)
授業者　はい、もう一回。
女子　すっかりぬれてしまうんだから、たくさん降っていないと、ぬれないいんじゃないかなあ。

授業者　うーん、……はい。

男子　「パラ　パラ　パラ」っていうのは、雨が、今、どっかからきた感じだから、たくさん降っているんじゃなくて、やっぱりちょっと、今から降り始める、そういう、雨登場っていう感じじゃないかと思う。（しまいには苦笑しながら言う）

授業者　うーん。雨登場。

男子　やってきました。

授業者　やってきた、ってところか。

男子　で、たくさん降ってきて、あの自動車が来たんじゃないかな、って感じで、だんだんとたくさんになっていく。

授業者　だんだんとたくさんになっていく。最初だから、降り始めて、それがあの、だんだん、こう、ふえてくる、そういう感じ、向こう、遠くからやってくるという感じですか。それとも、今、そこから降り始めたという。

女子　そこから降り始めた。

授業者　あ、そこから降り始めた、ある場所から降り始めた。

女子　強く降っていて、そして、雨がこっちから降ってて、こっちから自動車が来て、そして、出会って、だから最初から強く降っていて、そして、出会って、すっかりぬれてしまった。

女子　夕立みたいにね、こう、パラパラパラパラッと、こう降ってきて、突然に降ってきたっていう感じで。

授業者　突然に降ってきたという人、手をあげて。突然に降ってきたように感じる。（五、六人挙手）そうじゃなくて、向こうのほうから、こうやってきた。（十人ほど挙手）

男子　突然なんだけどね。突然って、向こうからやってきたんじゃないんだけども、あの、たとえば、初め、小雨が降っていて、ちょっとずつ大きくなっていく、そんな感じじゃなくて、やっぱり突然に降ってたんだけど、でも、初めは、あの一つぶ二つぶが、あの、パラパラパラパラみたいに、あの……。

男子　一つひとつは大きいつぶ。

男子　初めはね。

男子　でも、いきなりザァーッと降ってきたんじゃなくて、パラパラパラってきて「あ、雨だな」っていうような感じのする。

授業者　あ、雨が遠くのほうから、こう歩いてくるような感じですか。

男子　ではないね。
授業者　そうじゃなくって。
女子　雨は歩いてこない。（笑）
授業者　歩いてこない。
介入者　これ、「雨くんがやってきました」って書いてあるけど、やってくるときね、走るようにやってきたのか、それとも、ゆっくりゆっくりきたのか、どうです。ちょっと、ゆっくりのような感じで、そのパラパラのところ、読んでくれませんか。

斎藤　「やってきました」を指摘したのは、大へんいいのですが、その前に、今いく色も出ているから、教師が整理をしてやらないと。……あの、いく色出ているわけ。今皆さん、ずいぶん言ったんだから。

もっとも多いのは、この辺の人が言っていることで、それが主力だよね。さっき手をあげたときも多かったわけ。この前の二人が言ってるのが主力になって、それに対して、いくつかの違いがあったわけだから、その辺の整理をしないと、問題が生徒全体のものにならない。今、問題がどういうふうにちがっているかということがわからない。

高宮さんなんかどう、今度は先生代理になって、いく色出ていたのだか、整理してみて。

高宮　はい、えーと、あの……。

斎藤　これは生徒じゃなくてさ。

高宮　あの、最初に私は、向こうからこう夏なんかにきたように、さっき発言したんですけど、前の方は、こう雲があって、そこから、その雲から落ち始めるっていうので、えっと、その雲が動いているのが。

斎藤　ちょっとくどくなってきたね。もうちょっと、こう、明快にやれないかね、誰か。……。

傍聴者のほうからでもいいですよ。生徒が、いく色、どうに言っているんだか、先生の頭に入っていないようなんです。それがはっきりしていないと、先生の主観でもって、好みのほうへ持っていってしまうことになるから。

どうですか。この辺は、ストップだから、授業時間以外にしてね。

誰か整理つかないですか。そのときどきに整理しないで、授業を進めてしまうと、ごたごたしてしまって、先生自身もわからなくなってしまうんですね。だからあんまり授業が進まないうちに整理するといいですよ。今までの前半くらいのところで整理しないと。そうでないと自分もわからなくなってしまい、だんだんと生徒の発言に引っぱられてしまう。だから自分の器量に従って、ある程度のところで（爆笑）やらないと。

介入者　えっと、一つは向こうのほうから、ポツポツ降りながらやってきたというのがありますね。それから、突然この場で、バーッというか、ザーッと降り始めた。というのがありますね。……。それから、あなたがなんだかおっしゃりたかったのは。

男子　大つぶなんだけど、サーッときたわけじゃなくて、これからたくさん降るんだけども、最初は小雨じゃないんですか。

男子　そんなに長い時間じゃないみたいな感じ。

授業者　はい。えっとね。今四つ出ているんですよね。向こうから、こうポツポツやってきた。それから、こう突然に降ってきた。それから、大つぶの雨が降ってきた。それから、長い時間でなく降った。それ以外にありましたか。

……少しざわめく。

授業者　あ、そうか、三つか。大つぶで降ってきたのと、長い時間でなく降ったのとは一緒なんだ。

男子　ちょっと違うけれど……。

斎藤　先生の最初の発問は、「この雨強いんですか、弱いんですか」という発問なんですよ。先生はそういう発問をしたんだから、それに対して、最初に出たのがどういうので、次がどういうのでと頭に入れ、ニュアンスは違うが同質のものは一つにまとめてやらないと。一つひとつ全部ならべたら、教師も生徒もぼけてしまうから、単純化して、出ている中から問題を二つか三つにしぼる。そうすると課題が明確になり、みんなの問題になるわけですね。

それで、一番初め、女の人が言ったのは、「降り始めだから弱い」と、こういう言葉を使ったでしょう。それから、その次の女の人が、すっかりぬれてしまうんだから、たくさん降っているんだっていう意見を出したでしょう。この二つぐらいを手がかりにして、文にあたっていってもよかったわけですね。

二番目誰だっけ、あなたが言ったわけ。最初は誰が言ったわけ。あなた。……あなたのは、降り始めだから、地面はまだ乾いているかもわかんない。ところが、こちらの人のは、すっかりぬれてしまうんだから、たくさん降っているというんです。それに対して今度は、前の男子軍から、雨登場で、遠くからやってきたというのが出、つぎの女子から、夕立みたいに突然降ってきた感じというのが出た。それで先生が、突然に降ってきた人と聞いたら、手があがったのは五、六人で、向こうのほうからやってきたというのが十人なんだけれど、向こうからというのにこだわらなくてもいいわけね。この辺は単純化していいわけ。今まで降ってなかったけど、パラパラって降ってきたものか。それとも、相当量が降っているものかというふうに、単純にしてしまえばいいんじゃないですか。

授業者　かなり雨が降ってるっていう人、手あげてください。（なし）

じゃ、降ってない、それほど降ってないっていう人、強くないんだっていう人。

（ほとんど挙手）

斎藤　それでは、これで意見は一致したわけだ。そうするとあとは、パラッパラッパラッというふうに、ポツンポツンと降ってきたのだか、それとも、如雨露でパアーッとまいたときみたいに、パラパラーッと、こう降ってきたもんだか、それによって朗読のニュアンスが違うわけです。どっちなんです。

授業者　もう一度、最初の部分、朗読してくれませんか。

斎藤　いや、そうでなくてさ、パラッパラッと、ポツンポツンという感じに降るのか、それとも、パラパラーッと、如雨露の水が植木にかかるように降るのか、どっちなのかということ。

男子　ポツン、ポツンじゃなくて、こう、水がすうっと遠くのほうに飛んだりするときに、こう順番に手前から落ちてゆくような感じのように感じます。

斎藤　そうすると、ここの朗読はどのようにします。それで、さっきのところへもどったわけですね。

男子　……そこの「パラ　パラ　パラ」は、どういうふうに読むわけ？

斎藤　「パラパラパラッ」と、音をつづけて。

授業者　なるほどねえ。「パラッパラッパラッ」じゃないんだね。ほかの人どうなの。

女子　ほかの人はどうですか。

真黒な雨雲が上にきてね、それで、「あ、降るな、降りそうだな、降りそうだな」と思っているところへ、大つぶの雨が、パラ、パラ、パラ、パラ。で、たちまち……。

斎藤　そう、ほっぺたに当たれば、痛くなるような雨が……。（笑）

前の女子　たちまちぬれていく。

斎藤　すると、パラ、パラ、パラ、パラ、ってのも成り立つわけね。二説出たのだが、どっちなのここは。

女子　あの、私は、さっきどなたか言われたみたいに、「パラッ……パラパラ」（笑）
斎藤　芸が細かくなってきたのね。（笑）
同じ女子　最初はゆっくりで、次ポタポタってくる感じ。「パラッ、パラパラパラッ」って。
斎藤　どっちが多いんです。その「パラパラパラッ」と、「パラッ、パラパラパラッ」なり「パラッ、パラパラ」なり。
まあ、その細かいところ、芸の細かいところは、一つに寄せちゃったっていいからね。一年生だから、あんまり広げなくても、生徒が、「いろいろあるなあ」と思えばいい。
これで、授業進めてみたらどうです。さっきよりは明確になってきたね。さっきのだと、生徒が言いたい放題言っているだけだから（笑）何が何だかちっともわかんないけれども。……あんまり、こう、結論をすぐ出さなくてもいいですから。
授業者　さ、そうするとね、自動車と雨とはあの、どういうふうに出合ったの。
女子　走って。（爆笑）
授業者　雨がこうくるでしょう。自動車はどっちからきているの。（笑）

追っかけてくるの。それから前から。(笑)

斎藤　その辺はさ、介入者のほうから入れたらどうですか。(笑) これほど客席から出てるんだから、運転を少しセーブしたほうがいいみたい。そっちのほう (研究者たち) から介入する人いないですか。

研究者Ａ　あの、「音をさせて雨くんがやってきました」と、その次の間は、時間があったんだろうか。

斎藤　むしろ、そのほうが具体的ですね。今の授業者の発問は、昨日報告された「子どものころのファーブル」のときのやり方を、さっそく応用したわけなんでしょうがね。(笑) あれはなんでしたっけ、ファーブルが遊びから帰って虫の鳴いているのを聞きとめた位置と、虫の鳴いている草むらと、ファーブルの家との距離関係でしたね。けれどもこの場合は、あれとは違うから、あれを応用したって駄目だ。(笑)

研究者Ａ　「すっかりぬれてしまいました」とあるから、ザアザアという降り方だと言う生徒がいた。だから、より明確にするために、私はそこにやっぱり時間的なものを入れたほうが、よりわかるのではないかと思う。

斎藤　そうね、そうしていくと、より問題がはっきりしますね。今のに続いて他の意見もあとで出してもらうとして、さっきのところへもどるけれど、「パラパラパラ」か、「パラッ、パラッパラッ」か、という問題、「音をさせて」という表現がありますから、それを根拠にし決め手にしていってもいいですね。「音をさせて」なんだから、相当強い雨のつぶが降っているんだということは、一年生でも考えるでしょうからね。

それでまた、戻ってもらって、ほかの意見がなければ、今の介入の問題を入れてやってみては。

授業者　自動車とね、雨との出合い……。

斎藤　出合いにこだわらなくても。(笑)

授業者　ずいぶん長い間自動車は雨の中走っていたのかな。

斎藤　いや、そうではなく、さっき研究者Aさんから出ていたの、そのまま持ち込んだらいいじゃない。頭に入んなかった?

こう言ってるわけですよ。雨が降り出したときと、自動車がきたときの時間は、どのくらいあったのかと、こういうふうに言っているんだから。時間がうんとあったのか、短い時間かと、こう言ってるんだから。

じゃ介入者が、授業者のかわりに聞いてやったら。

介入者　自動車が、するするするすると走ってきましたね。すぐ、びしょびしょにぬれちゃったんですか。

……生徒たち、ざわめく。

男子　雨の降り始めと自動車がくるまでの時間のことを今聞かれてるんじゃないですか。

斎藤　だいたい生徒のほうが、どこの学校へいっても賢いもんだから。（笑）

女子　時間があったと思う。

授業者　時間があったと思う。

……生徒から、さまざま小さい声が出ている。

介入者　ここら辺の人はすぐだ、それからこちらのほうの人が、少し時間がたって。

女子　五分ぐらい。

介入者　五分。（笑）

こちら側の人はどうですか。……。

ちょっと聞いてみようか。じゃあ、すぐ雨が降ってきたと思う人。

男子　雨が降ってきて、自動車がくるまで。

……その他、いろいろのつぶやきが出る。

介入者　少し時間があったと思う人。

……しばらく無言。

斎藤　「パラ　パラ　パラ」と、降り始めだから、初めから「すっかりぬれる」ということはない。パラパラパラが幾らか続いて、相当降ってるところに自動車がきたから、「すっかりぬれてしまいました」になったのではないかね。

男子　短かかった。

斎藤　うん。それはそうでしょうね。だけど、パラパラと同時じゃないということですね。それで進めてください。

授業者　そうするとね、あの、雨くんはおもしろいおもしろいと言って、今度は、少し大きな音で降り始めるわけですね。雨くんは最初から、この、車や馬をびっしょりさせるつもりで降ってたのかな。

……しばらく無言。（二十秒）

男子　あの、僕はそうではなくて、あの、自動車とか馬が動いているもので、今まであたっているものが止まっているものであるから、動いている物にあたったときの、その雨くんの、また新しい楽しさみたいなのが、あったから、予想してぬらしてやろうでなくて、そのときに楽しさを覚えたような気がします。

授業者　ほかの人は。

女子　あの最初雨くんは、ここに降らせようというつもりでなくて、ちょっと試しにやってみたら、あのだんだん、自動車や馬がぬれてきたので、それで、「あ、じゃあここにとどまってもう少し、あのおもしろく試してみよう」というようなつもりで。

授業者　試してみようと、いたずら心がおこったというふうに考えていいですか。いたずらしてみようというふうに。……そういうふうに考える人いますか。

あ、違う。それじゃ何かほかに。

斎藤　これもちょっと待ってください。その辺が教師のわざがなさすぎるわけなのね。最初のうしろの男の人の発言は、「そのときに楽しさを覚えてきた」というふうに、ごたごたと曖昧に言っている。「雨くんは最初から、この、車や馬をびっしょりさせるつもりで降ってたのかな」という授業者の問いに端的に答えていない。授業者の発問もくどいが、答えもくどい。

こういうときには教師は、すぐ聞き返さなくてはいけない。そしてもっと明確な発言を出させなくてはいけない。もしあの人が言えないときには、他の人に、「あの人の言おうとしていることを、あの人のかわりに言ってください」と言って言わせるとよい。もしくは教師が言ってやるとよい。そうすることで発言者もはっきりするし、他の人にも問題がわかる。

授業者は、教師としてのそういう作業を少しもしなかった。ところが今日の生徒は、みんな先生だもんだから、賢くて、曖昧な発言でもみんなわかってしまう。そしてこんどはこっちの眼鏡の女の先生が具体的に言っちゃったわけだ。「初めはそういうつもりはなかったけれども、車や馬がぬれたりするもんで」と、こうにはっきりと言っているわけですね。ぬれてきたので、おもしろさを覚えてきたと、こう言っちゃっている。

これが一年生の普通の授業だと、向こうの人の曖昧な発言が出たとき、すぐに働きかけをし、はっきりしたものにしておかないと、ごたごたしてしまい、子どもたちは考えられなくなってしまうわけです。つぎつぎと思いつきの発言が出てしまうわけです。

それから、女の人のような、はっきりした発言が出たら、それを手がかりにして、「おもしろい、おもしろい」につなげていき、ここの朗読をさせるといいわけです。そしてそこまで行ったとき、初めの男の人の「そのときに楽しさを覚えた」という発言も生かしてやることが出来るわけです。

ところが授業者は、そういう教師としての作業は少しもしないで、「何かほかにありますか」と言っただけでした。これではロボットと同じで、教師としての仕事は何もしていないわけです。授業を組織するということをしていない。こんなふうに授業をすると、せっかくの二人の発言が、みんな死物になってしまう。二人は授業のなかで見捨てられているわけです。せっかくの二人の功労が、授業のなかに生かされないわけだ。こんなことをつづけていくと、生徒は、「あの先生、ちっともわからないから、今度は言わないぞ」（笑）ということになってしまう。その辺が授業では非常に大事なことです。

……長い沈黙（十五秒）

斎藤　これがいわゆる、沈黙。同じ沈黙でも、無駄な沈黙。（笑）……深く考えている沈黙とね、まあ、そのうち生徒が何か言うだろう。それまでこっちも頭の体操（爆笑）と、こうやっているわけね。年中一生懸命やっていれば疲れてしまうからね。（爆笑）

授業者　そうするとね、最初のパラパラパラパラッと、こう降り始めた、あの音と、次のこの、ピチャピチャピチャっていう、雨くんの気持ち、雨くんの……。（二十秒沈黙）

斎藤　大変曖昧な、わけのわからない発問だが、普通の授業なら、もう、先生が困っているから、生徒のほうで、「はーい」なんて手をあげる子がいるんだよね。（笑）忠義な子が。だけどここの生徒は忠義者でないから、誰もなんとも言わない。（爆笑）だから先生も困っちゃっている。

今の発問は、何を言うんだか、まだ言い切らないわけだ。言い切らないのだから、何を聞いてるんだか、何を聞こうとしているんだか、誰にもわからないでしょう。「雨くんの気持ち」なんて言ったって誰にもわからないけれど、普通の授業だと、これで生徒に通用してしまうんですね。先生というのは学級での王様だから、今ぐらいのわけのわからない発問をしても、授業はちゃんと進んでしまう。だから教師は堕落するんだよ。

ところが今日は、生徒がちがうから言ってくれないので先生も困る。今日は駄目だよ。（爆笑）もっと明確に問いかけなければ。……今言おうとしていること、考えて、もう一回発問してみて。何回言いなおしてもいいですよ。

授業者　このパラパラパラパラっていうのと、ピチャピチャピチャっていうのと、音の、雨の降りの強さは違うんだろうか。

斎藤　そんな降りの強さのことは、もう済んじゃったんだもの。（笑）そんなことをここでまた聞けば、生徒は適当なことを言いますよ。「あ、これは初めのが強い」「いや、後のが強い」などと、水掛け論で延々と続きます。こういう発問だと。……

あなたは、それが言いたかったわけ？　だって初めは、パラパラパラのときと、ピチャピチャピチャのときの、雨くんの気持ちと言ったんでしょう。それはやめにしたわけ？

授業者　はい。

斎藤　降りの強さを問題にしているんだって。……これに対して生徒の誰か、うんと意地の悪い返事をしないかな。先生が困ってしまうような。

女子　あのね、最初のパラパラっていうのは、ぬらしてやろうという気持ちじゃなくて、今度のピチャピチャっていうのは、誰かこないかなっていう感じで、誰かきたら今度はもっとぬらしてやろうっていう気持ちが……。

授業者　はい。

女子　あの、最初のパラパラは地面が乾いてて、ピチャピチャピチャピチャっていうのは、水たまりが出来ていてね、雨がいっぱい降ったから水たまりが出来て、そこに、もう降っているから、そんな音がするんだと思う。

授業者　そうすると、はい。

女子　後ろの方が言われたように、あの、ぬれていて楽しいみたいな、「ぬれてしまいました」。ぬらそうと思っていなかったけど、ぬれていく、そのおもしろさをすごく、こう、覚えたから、調子づいちゃって……。

斎藤　なるほどね。

授業者　そこへ男の子がやってくるわけですね。

介入者　いまの（三番目の）あなたのも、いいですか。やっぱりぬらしてやろうという気持ちで、降っているっていう、それでいいわけ？

女子　あの、強さだから、気持ちは聞かれなかったから、強さだけ。

斎藤　三番目の女の人の場合は、非常に意識に動きが出て、ピチャピチャピチャが、楽しいリズムを持っているというふうな内容の発言ですね。ぬれていくのがおもしろくて、気持ちが調子づいてきている。それでピチャピチャピチャという楽しい一つのリズムが出てきている。それを楽しんでいる。そういうふうな発言だった。

そんなふうにとってもいいですか。これは発言者の真意とはちがうかもしれないけれど、授業ではこんなふうに、子どもが出したものを拡大したり、意味づけたり、別のものにしてやるということも必要です。ただ言わせて、そのままにしておいたのでは、授業はふくらんでいかないわけね。

それで、その二番目の人のは、雨が降りつづいたから、水たまりがあるという、大変リアルな捉え方をしている。こういう発言が出ると子どもは、「ああそうか、これは水たまりが出来たんだな、その音だな」なんて自分の世界を広げていくわけね。だからこういう考えを出すのもいいわけです。また水たまりでなくて、ピチャピチャピチャと、ものをたたくように降る音だとしてもいいわけですね。いろいろ出すことによって、子どものイメージは豊かになり、読みとりも深くなり、言葉に対する知識や感覚も豊かになっていきます。

それから一番初めの女の人の、期待感というような問題も、三番目の人のにつなげれば生きてきますね。こういうことも教師としての大事な働きですね。

……しばらく沈黙。

授業者　だんだん、こう調子づいてきて、あの、ぬらすことが楽しくなってきた雨くんが、今度は男の子をぬらし始めます。……で、ぬらすことが出来なかったんですね。で、雨くんはだんだん怒ってくるんだけど、こんなことが書いてあります。

（朗読）〈ザァザァザァ／おこった雨くんは、ちからいっぱいふりましたが／男の子は

〈いきであるいていますザァザァザァ雨くんがあとに　ついていくと男の子は　うちの　中へ　はいって　しまいましたおかあさんひどい　雨ですよと男の子の　こえが　きこえました〉

雨くんと、男の子はけんかしているんですか。

……しばらく生徒のつぶやきが聞こえる。

男子　男の子はけんかしてない。

授業者　男の子はけんかしてない。ほかの人は。みんな一緒ですか。違うという人。

男子　けんかにはならないよ。

授業者　けんかにはならない。

前の男子　雨くんのほうから見れば、自分からこういくだけで、むこうとぶつからないと、けんかにならないから、完全な無視という感じ。

女子　「男の子は平気で歩いた」

授業者　うん、男の子は平気で歩いた。だけどね、はい。

男子　あの、けんかをするつもりで言ったんじゃなくて……。

授業者　だけど、おかあさんにね、男の子がね、こんなこと言っているでしょう。（朗読）〈おかあさんひどい雨ですよ。〉（しばらく笑）

斎藤　けんかじゃないってことは、生徒は皆わかっているわけだね。それで生徒の一人の人は「無視しているんだ」と言っている。また一人の人は、「平気で歩いた」と、文章をさして言っている。

この二人の発言をとりあげないと。……そういう作業をしないで、「おかあさん、ひどい雨ですよ」と飛躍して言っているだけでは、生徒がせっかくいいことを言っているのに、その問題を生かさないことになってしまう。授業のなかで表現されている生徒の発言を生かすことによって、読みを深めていくと考えれば、今の場合、この二つはどうしても落とせないですよ。「無視」というのと、「平気」という二つは、これをやっておかないと、「おかあさん、ひどい雨ですよ」もわからせられないわけですね。

……しばらく沈黙。

斎藤　こんなに年中、授業で教師が考えているんだと、すぐ一時間が終わってしまうからねえ。何とかやってみたら。

授業者　はい。

……しばらく沈黙。

介入者　「平気で歩いていった」と言ったのはどの人。いや、さっき、発言した人、あなたね。それから「無視」って言ったのは、あなただっけ。あの、平気で歩く男の子ね、そのとき、雨の様子、ちょっと読んでみてくれる。

女子　読むんですか。

介入者　ええ、あのザァザァの様子を、

女子　はい。

斎藤　そうではなくてやっぱり、平気だっていうのと、無視であるというのを、無視であるというのはどういう内容だか、平気はどういう内容だか、発言者にもっと直裁に聞いてみなければ、授業が進まないのではないですか。……どうなの、皆さんは。

男子　あの、雨くんのほうは、ザァーと、いう、あまり芸がなくて、強く降るだけね。ザァ。

ザァザァというもので、怒って強く降るだけなんだけど、男の子のほうは、その強く降っている雨にまるで関心がないっていう感じで、単に歩いている。

斎藤　あなたは、さっき無視してと言ったのだが、今度は関心がないっていう言葉に変えたわけ。生徒ってのはどんどん変えるからね。（笑）無視と関心がないはちがうけれど、関心がないでもいいよ。関心がないの、どう、この男の子は、雨に関心がないの。
前の男子　雨くんの気持ちがわかんない。
斎藤　え。
同じ男子　雨くんの気持ちがわからない。
斎藤　え、皆さん先生だから、そんなつまらない理屈を言うんで、そうかなあ。こういうふうに生徒に問いつめるといいんだよ。そうすると、ぼろがだんだん出てくるから。（笑）
それから、平気でいるのかな、本当に。
男子　平気ではないと思う。「ひどい雨ですよ」ってやっぱり言ってるんだから。
斎藤　いや、そうじゃなくて、案外、雨が強く降っていることが、無視でもない、関心がないのでもない、平気なんでもなくて、いい気持ちでしょうがない、楽しくってしようがないという説だって出てきていいわけだ。自分はぬれはしないんだし、ザァザァ降ってくる雨が愉快で仕方がないなんてこともある。
とにかく小学生なんて、雨が降ればそこへ傘も持たずに飛び出して行き、面白がってとびまわっているほうが多いんだものね。だからこの場合も、いい気持ちになってしまうということもある。そこまでつめておいた上で、「おかあさん、ひどい雨です」というのは、どういう内容を持ち、気持ちを持って言っているのか、と、こう入っていかないと。

そうすると、「ひどい雨ですよ」というのは、表面では「ひどい雨だ」と言っているけれど、これは決してなさけなかったり、うちひしがれたりしているのではなく、その裏には、「すごい、いい気持ちだった」ということが入っているかわからないですよ。前向きの、いきおいのある、おどっている気持ちの表現かもしれない。そういうところまで、前の文章から、だんだんと具体的に問いかけ、攻めていかないと、授業は面白くならないし、子どもの集中も考えも生まれてこないでしょうね。

アメリカの話にね、こんなのがありました。昔の話ですが、日本から行った留学生で、個人の家に住み込んで、皿洗いをしながら苦学していた人の話です。あるときに、雨がザァザァ降り出してきた。そこの家の坊やが学校に行っているので、奥さんに、「奥さん、傘持って行きましょうか」とその人が言ったというんです。すると奥さんは大へん怒って、「私の子どもだから、あんたは余分なこと言うな」と言ったというんです。

ところが子どもが学校から帰る時刻になると、奥さんは玄関へ出て、心配そうに外を見ているというんですね。そうすると、びしょぬれになった坊やが、元気いっぱいに走って来た。するとお母さんは、大喜びで「坊やはえらいね、この雨のなかを、元気で走って来たんだね」と、だき上げてほめたというんです。
日本のお母さんだと、傘を持っていく。そうでないとね、「俺の家の母ちゃん、傘持って来てくれない」なんて、学校で泣いている子がいる。（笑）
もともと子どもというのは、健康なら雨なんか恐れませんね。そういうことも考えて子どもや教材に向かったほうがいいでしょう。その上に今のような話をいれてやると、「ほーっ」なんて言って、子どもは楽しくなる。「ひどい雨ですよ」も、「ひどい雨で俺は愉快でしょうがないんだ」という読みとりもし、そういうひびきの朗読もするようになる。そういうなかで、さまざまの知恵なり論理なり、読みとり方なりを入れていくのが授業ですね。
それで、後やってみて。……だいたい時間ですか。

司会　だいぶロスタイムがありますから。

斎藤　いいですか。じゃあ、続けてみて。……疲れちゃった？　どうぞ、やってみて。

授業者　男の子は、あの、いい気持ちで歩いてきたんだね。

斎藤　そう言ってしまうと、せっかくここまで出来たのが、もともこもなくなってしまう。（笑）……まあ、色々やってみればいいよ。どれか当たりが出てくるから。（笑）今ので、やっていってください。

授業者　お母さんに、「ひどい雨ですよ」って、男の子言ってるね。これは、あの、男の子、どういう気持ちで言ったんだろう。

斎藤　それは、今、済んじゃったからさ、今度は別の問題から。

介入者　ピチャリ　ピチャリ　ピチャリ、雨がガラス窓をたたいているでしょう。そのとき、雨は何て言いながらたたいたんだろう。

斎藤　そういうふうにもっていくほうがいいですね。

介入者　どうだろう、えっと、その眼鏡かけた人。

女子　出てこい、出てこい。

介入者　出てこい、出てこい。君と遊びたいんだよって気持ちで。

女子　ぬらしてやろうって……。

介入者　ぬらしてやろう。ん。そういう意見もあるかな。ほかの人は。じゃ、あなた。

男子　俺はそんなにひどくないから、早く出てこいよ。（笑）

介入者　そんなにぬらさないよって……ぬらさないよでもない。ひどくない……意地悪するんじゃないよ。

男子　ん、意地悪するんじゃないよ。
男子　ちきしょう。
介入者　ちきしょう。ん、ちきしょうっていうのは？
男子　あの、ぬらしきれなかったんだけど、未練はある。
斎藤　今の介入者のようにもっていくと、今のようにいいことが出てきますね。

それで、今三つ出てるわけだ。初めの女の先生からは、「出てこい、出てこい」と。これは出てこい、やっつけてやるぞという意味ですね。次の男の先生は、「おれはそんなにひどくないから、早く出てこいよ」と言っている。これは、そんなにひどいことはしないからという意味ですね。それから最後の男の人は、「畜生」と言っている。ぬらせないことに未練があり、くやしくて仕方がないというんですね。

それで、この三つのうち、どれに傍聴席は賛成しますか。発言順にA、B、Cとして、Aに賛成の人、手をあげてみて。B……C。あ、Cが圧倒的だなあ。そうすると、授業者はどれに賛成。
授業者　僕も「畜生」っていうか。
斎藤　じゃ、それで授業をやってみて。この三つを対象にして。……A、Bは、どちらも、出てこい俺がぬらしてやるからというのだから、ABを一つにして、これをAとし、「畜生」をBとしてもいいですね。片一方は出てこいとは言わない。「畜生」とだけ言っている。だから、初めの二つを一つにまとめてしまって、「出てこい」説と「畜生」説と二つで授業をする。こうに整理したほうが、楽で早いですかね。「出てこい」の二つのは、初めは単純だし、あとのは少し謀略的（笑）のちがいがあるだけですからね。

授業者　それでは「出てこい」という人、手をあげて。……「畜生」という人。

斎藤　すると授業者は、自分では畜生説をとっているんだから、出てこい説をどう駁撃し、どうつぶすか、そのわざをやってみてください。（笑）

授業者　出てこいという人、もう一回手をあげて……どうして、出てこさせたいんですか。誰か。

男子　家に入っちゃったら、もうぬらすことが出来ないから。（笑）

授業者　あ、家に入ったら、ぬらすことが出来ない。はい、うしろの人。

男子　もっと、遊びたかったんだと思う。

授業者　遊びたい。遊びたいっていうのと、それから遊びたくなくて、ぬらしてやりたい、こういじめたい、遊びたいといじめたいが出てきたんですが、あの、どっち。

出てこいの人。遊びたいという人。それとも、もう一つのほう。

斎藤　だからその、遊びたい説は、もうここで、説明するなりして、ビシャっとつぶしてしまわないと駄目。そうしないと、又くどくなってしまう。先生の頭小ちゃいから、あんまりひろげると、もとがわかんなくなってしまうからね。（笑）だからそういうものは早くピシャリとつぶすんだよ。けれども、それは駄目だよと言ってただけでは駄目なんで、説明してつぶす。傍聴席で、誰か交替してつぶせる人はいないですか。……。

こういうとこが下手なんですね。あ、生徒のほうでありそうだね、つぶし方が。

女子　はい。

そのあとのほうに、「おこっている雨くんは、へんじをしないで」って書いてあるから、遊びたいっていうのは……。

斎藤　ありえないね。怒っちゃってるんだもの。怒っちゃってるものが、遊びたいなんていう、そんなことありっこないでしょうがね。生徒がいつも一番賢いんだな（笑）そうでしょうがね、怒っちゃってる者が、相手に遊びたいなんて馬鹿なことを言うはずがないじゃないですか。遊びたいなんていう発言をする子がいたら、先生は怒りを感じて、すぐたたかなければ。証拠がちゃんとあるんだもの。

こういうものは早く片づけて、授業者は畜生説なんだから、出てこい説を破ってみることですね。これは難しくはないはずなんだけどなあ。……相手に出させることと、相手の出した事実を捉えることが出来ないから、処置も出来ないんですね。

どうです。だいたい今ので「遊びたい」は駁撃されちゃったんじゃないの。「出てこい」説はどうです。皆さんの考えを出してもらうといいんですが、出てこい説は成り立つかもしれませんね。とくに初めの「ピチャリピチャリピチャリ」のときは、そういうのもあるかもしれませんね。けれども二回目の、「ピチャリピチャリピチャリ」のときは、もうそんな段階越えて、もっと無茶苦茶になっているかもしれない。もろに怒りをぶっつけ、暴力をふるっているのかもしれませんね。「へんじもしないで」「ただ」ですからね。

それで、最後の畜生説はどうです。「あんた、畜生って、どういう意味だ」なんて、問い返したりしないで。生徒が「畜生」と、こう一言いえば、これはわかるんですから。

授業者　ピシャリピシャリピシャリって、こう、ガラス窓をたたいているんだから、人間で言うと、強くこう、拳を握ってたたくような、気持ちなんだよね。

……。

出てこいっていう気持ちもあるかもしれないけれど、もう、家の中に入りこんでしまったもんだから、それに対して、こう、何も自分が、ひきだす力を持っていないから、「畜生」と言って、こうたたいている……そんなふうに考えていいですか。

斎藤　今のは、いいですね。こういうときに、子どもの生活体験とか見聞きしたものとかを出すと、子どもはわかりますね。けんかで負けた奴が、ガラス窓に石を投げて逃げていくなんてことだってあるし、何か適切な例を出して押さえていくことも出来るんじゃないですか。

この辺で終わりにして、今の授業のなかで問題点を整理してみたらどうですか。

（以上所要時間五十二分）

3　付記

この授業は、どこまでも模擬授業である。しかも介入を入れた模擬授業である。よい授業をつくり出すことをねらったものではなく、発問の仕方、説明の仕方、授業の展開の仕方、子どもの発言の捉え方、整理の仕方、また介入の仕方・意義などを、事実をもとにして学習し検討することをねらったものである。

選ばれた教材も、あまりよいものということは出来ないものであった。また、授業者や生徒になったものも、教師になりたての若い人ばかりであった。それだけに問題点もはっきりと出ているところが多い。模擬授業としての一つの意味はあったように思える。

なおこういう模擬授業は、実際の授業にあたっての研究とともに、これからも引き続いてやってみる必要がある。実際の授業とはまたちがう問題点が出てくるし、授業を途中で中止して、ゆっくりと討議し、それからまた授業を先へ新しくすすめていくということも出来るからである。さらに介入の仕方の練習や検討も出来るからである。

この授業を終わったあとの問題整理のとき、授業者と、介入者と、研究者Y氏から出た感想意見のなかには、つぎのような部分のものもあった。いずれも重要なことだと思った。（斎藤）

〈授業者〉

問題を自分の頭のなかに整理しきれないでいた。それは、生徒の発言の捉え方とか、記憶力みたいなものに問題があるのではないかと思った。（記憶力に限界があるので、生徒の意見を黒板に記録しておくことが大事である。斎藤先生の記憶力のよさに感服した。）

それから二つ目は、ほめたり、感動したりすることが出来なかった。これは相手が大人だと言うこともあったが、それだけではない気がする。それから以上の二つと、教材解釈の弱さのためか、攻め方が、はっきり決められなかった。攻め方の弱さがあった。

〈介入者〉

結論的に言えば、有効なところで授業を拡大するような介入というものが、全然出来なかったと、いうことなんですけれども、一つ思ったのは、子どもの発言のニュアンスの違いというのを介入者は、少し離れたところで見ているわけですから、それが明確に指摘出来なければいけない。それをもとにして、整理するとか、拡大するとか、問題を投げかけるということをしながら、授業にリズムをつくり出す。整理ということがもとになって、次のステップが拡大するにつれてリズムが作られていくと思うんですけれども、そのことが、介入授業では非常に大切なんじゃないかというふうに思いました。

それから、介入者である僕も、どういう授業をこの教材だったらするかというプランがあるわけですけれども、そのことにこだわってしまって、何か授業の流れそのものから、一歩遠ざかってしまった介入をしてしまうことがある。僕の場合だと、色々な音が非常におもしろく使われているように思ったので、それを生かしながら授業を展開したいというような思いがあったわけです。ですから、今日の介入のときでも、有効でない、むしろ非常に、不適切なときに、「読んでごらんなさい」と言ったと思うんです。それが、授業を生かすことよりは、流れを非常に妨害してしまったのではないか。

それから、僕自身がそうだったわけですけれども、本文の中の言葉というものを正確に読みとれていなかった。それをきちんとつかんでおれば、明確に子どもをつぶせるわけだけれども、それを武器として持っていないために、つぶせないで、非常に授業を混乱させてしまうということが、どうしても出てきてしまった。教材解釈より、まず本文を、そのものとして正確に読み取るということの作業が、非常に大切なんじゃないかと思った。

〈研究者Y氏〉

第一点は、今、介入者から出た問題なんですけれども、介入授業というのは、ものすごく限定された方法なんですね。今、介入者からも感想が出ましたし、実際の過程でも、介入者の介入が、授業者が出した発問を、修正したり拡大したりという方向じゃなくて、別の方向から出してしまうという場面があったわけです。

ああいうのは、原則として介入授業としてはまずいわけですね。そういう教材解釈もあるし、それで授業も出来るという場合もあるかもしれないけれども、そういうことは、介入授業の場合はやってはいけないことだと思います。そういうふうに介入授業というのは、ものすごく、方法的に限定された方法だから、ある問題を非常に明確に浮かびあがらせることが出来るわけです。

介入授業という、こういう研究の方法が、一番明確に浮かびあがらせている問題は何かというと、それは展開の契機という問題だというふうに思う。つまり、展開のきっかけですね。展開の契機、これの研究が介入授業の一番の本番になっているんじゃないだろうか、というのが私の思ったところです。ですから、そんな教材解釈ではなくて、こういう解釈でやれっていうのは、研究としてはもっと別の分野になって、介入授業という方法が要求している研究の課題は展開の契機というものだと思う。で、展開の契機というのは具体的にいうと、その、きっかけのつかみ方と、作り方という二つの問題があるということです。

それで、その展開のきっかけの基本になっているのが、広い、大きな問題としてみれば、教材解釈、これが全体の方略を決めてくるということ。それから、診断と解釈を重ねた形の治療……たとえを使いますが、診断と治療というのが、個々の発問とか指示とかいう、そういう手を決めてくるということだと思う。それを斎藤先生がさっき、非常に授業の流れに沿って具体的に説明してくれたわけで、今日の場合は、このつかみ方と作り方のところだったというふうに思います。

（『続々介入授業の記録』編著者　斎藤喜博　一莖書房）より転載

一年生　絵画『三コ』の共同制作（昭和五十三年度）

堀江優先生、西岡陽子先生から学んで

三コ

斎藤隆介／作　滝平二郎／画　福音館書店

秋田県のオイダラ村に三コという身体がデッカイ男がいました。

けれども、三コの姿を見た人はまだだァれもいませんでした。

小さなオイダラ村では、オンチャ（次・三男坊）たちのする仕事がありませんでした。

三コは、あっちの国から少し、こっちの国から少しずつ木を引き抜いてはハゲ山に植えて、オンチャたちが山仕事を出来るようにしてやりました。

ある時オイダラ山が火事になり、その火はハゲ山にも燃え広がってしまいました。

三コはオンチャたちに「火が消えたら焼けあとに木を植えるんだぞ。マメでくら

せ！」と言って、燃え上がる火の上におおいかぶさりました。

1　『三コ』に決まるまで

六年生を二年前に受け持ったときは、人間の物語を描かせたいと思いながら、手をつけては途中で放り出してしまっていた。

酒のビンや人物写生などはしていたが、その力をもとにして、物語を絵として描かせることが出来なかった。そんな自分の力なさが情けなくてならなかった。そして、一年生を受け持ち、二学期に十時間ほどかけて、クレヨンでやかんの絵を仕上げた。それを、学校の先生方に見てもらったとき、六年生を同じく受け持っていた若い女性の先生が、「あっ、また……やかんなの」と、何気なく言った。私は、この「また……」という言葉を忘れることが出来なかった。（また写生作品ということだった。）

人間の心を描かせたい。描かせなくては、この足踏み状態から抜け出ることが出来ないと思った。しかし、一年生にあった物語を、なかなか探すことが出来なかった。

十二月に入って、ある先生と話をしているときに、「『三コ』なんかどう」と言ってくれた。前に読んだこともあり筋だけは覚えていたが非常に長い物語で、言葉も難しいのではたして一年生にわかるだろうかと思った。

私の頭の中に、『ミコ』で、どんな絵が出来るのかボンヤリとでも想像することが出来なかった。何回か自分だけで、声を出して読んでみたり、描きたいと思われる場面を自分なりに描いてみたりした。

冬休みに入っても、まだ物語を探していた。他にいいものがあるのではないか、もっと心のあたたまるような物語、人間の優しさを表すような物語がないかと思っていた。いろいろな物語を読めども、物語の中から人間の優しさを捉えることが出来なかった。

一月に入ってもまだ迷っていた。(昭和五十四年一月、一年三組)

ただ共同制作は必ずしたかったので、子どもたちには、「水彩を使って、大きな絵を描きたいね」と、私の気持ちだけは話していた。水彩をこの子たちは、まだ使ったことがなかったので、この水彩という言葉を聞いて大変に喜んだ。

他に物語を探せなかったのと、時間的な余裕がなくなったので『ミコ』に取り組むことにした。

2　『三コ』に決めて

大きな作品に取り組むと自分の力の弱いところがわかるというようなことを、堀江優先生の本のなかで読んだような気がする。

一つの大きな作品に取り組ませてやりたい。大きな作品を作っていくなかで、今まで気がつかなかった絵の素晴らしさに出会えるかも知れない。一年生という、エネルギーのかたまりのような子どもたちに人間と出会わせてやりたいと思った。

しかし、逆に力みすぎて、子どもたちに挫折感を与えるかも知れない。また、私が今までのように途中で放り出したりしないだろうか、と自分に完成させるだけの力があるのだろうかと心配でならなかった。さしあたって、場面を自分なりに分けてみた。

場面……『三コ』のどこに、子どもたちは感動するだろうか。

① 走れ、走れ……黒雲のように舞い上がった、山火事の煙にせき立てられ、心配して走る三コ。

②三コは呆然と立ったままオイダラ山をにらみつけてボロボロと涙をこぼしていた。
③「みんな、オンチャがた。マメでくらせエ！」オイダラ山に向き直って、燃えているオイダラ山にかぶさった。
④けれども三コは、からだをはなしはしなかった。三コは、ますますかたくオイダラ山を抱きすくめた。ブスブスと肉のにえただれる匂いがした。

この四つの場面の、三コの表情や気持ちをつかませたい。しかし、とてつもなく非日常的な表情を子どもたちは表現することが出来るであろうか。

とにかくこの四つの場面なら、なんとか私の手に負えそうだと思った。子どもたちをこの四つの場面へとまとめていこうと考えた。

3　個人の下絵

西岡陽子先生の「みんなで大きな絵本を作ろう。世界に二つとない、みんなだけの絵本を作ろう。二つとないほどまずいのでなくて、二つとないほど素晴らしいのをね」という言葉を借りて、読みに入った。

「心を込めて読むから、聞いてね」

一回読むだけで、二十五分もかかってしまった。ときこさん、あさこさん、りえさん、あつこさんなどひじをついたりして、とてもよく聞いていた。

読み終わって「描きたいところは」と聞くと、りえちゃんが「山に木を植えているところの三コを描きたい」という。

他にも五人ほど同じ場面を描きたいという子がいた。

私はどうしてこの場面を描きたいのか、よく分からなかった。

それほどこの場面が感動するところなのだろうか。「ほかのだれでもなく、三コでなくてはならないところ」なのだろうか。とにかく私が描かせたいと思っていたところではなかった。作品が完成して、斎藤喜博先生に見てもらったとき、「この場面がいいですね」と言ってもらえた。穏やかな場面であるが、命を育もうとしていることに、「いいですね」と言ったのだろうか。

その他には、私の予想していた、走るところ、火に飛び込むところ。山を抱きすくめるところなどが出てきた。

話し合ったことをもとにして残ったわずかな時間で、わら半紙に鉛筆で走りがきをさせてみた。かなり幼い絵ではあったが、じっと見ていると何か訴えるようなものが、あるように感じられた。

りえちゃんの走りがきは、「山に木を植えている三コ」で、とても優しく描いてあった。

しかし、私が三コの強いところにあこがれていたため、優しい三コを、うったえる力が弱いと考え、りえちゃんの絵を私の心の中では否定してしまった。

後になって、どうしても木を植える三コを描きたいという男子六人が出てきたために、これも絵になるのかなと思いながらも一つのグループを作った。

一人ひとりの下絵を見ていると肩や足などに無理のある絵が多かった。力強い三コを表現するためには、動きがはっきりしていることと、大きな身体を支えるだけの筋肉を描けるということであった。そして、どれくらいの大きさであるかという周囲と比較しての三コの大きさの認識であった。

「三コの足の裏はどれくらいだろう。運動場くらいあるかなあ」「木曽川はまたいで渡れるだろうか」などと三コの大きさを、考えさせたりした。

とにかく大きく大きく三コの身体を考えさせながら、クロッキーで大まかな動きをとる練習をし、ティントレットやデューラー等の人体の素描を、グループになって模写させたりした。

そんなある日、社会の時間外へ見学に出かけた。よく晴れていて気持ちがよかった。伊吹山もすっきりと見えていた。見上げると大きな雲が伊吹山からこちらへ向かって、ゆうゆうと流れてきた。

「三コ。先生、三コだ」

「三コみたいだね」

「うん。三コみたいで、大きくていいなあ」

みんな三コのような形をした大きな雲に見とれていた。

あっちこっち動き回り建物や田畑の位置などを調べていると、「私たちの後からついてくるみたい」と、りえちゃんが言う。

また、みんなで空を見上げた。

4 グループづくり

給食の時間なども利用して、とにかく何回となく本を読み聞かせた。

一月十七日から始めて、二月二十一日にやっとグループづくりまでにこぎつけた。

こんな幼い下絵ばかりで本当に出来るのだろうか。

一年生に共同製作で三コを仕上げるだけの力があるのだろうかと、この一か月本を読み聞かせして、大切な場面で読み深めをしながらも少しも次の段階へ進めなかった。出来るかどうか心配で、次の段階へ進むことが恐かった。

一人ひとりが描いた、何枚かの下絵の中で、本当に描きたいところの下絵を机の上に出させ、同じ場面の子を集めてグループを決めていった。

この頃、ちっとも子どもと遊べていないからか、心が離れていて、子どもを一人の人間として感じなくなっているみたいな気がしてならなかった。

外へ出てみるとか、一緒に相撲をとったり、追いかけっこをやったりして、もっともっと遊んでいこう。自分がかたくなりすぎていて、自分でも自分が面白くない。

明日、一日遊ぶことに決めた。

5　小黒板での下絵づくり

教材屋に頼んでおいた紙がなかなかこなかったので、小黒板四枚を利用して、グループで決めた下絵を描くことにした。
五時間ほどかかった。毎回、教室がチョークで、白く汚れていた。
その時間が終わるごとに五分くらい批評会をもった。

1　山に木を植える三コ

（こうじ、はるひさ、よしのり、すぎかず、まさみ、たかみち）

男子ばかりで何かというとすぐに衝突することが多く、なかなか作業も進まなかった。足が貧弱だったり、木がうまく描けなかったりして困っていた。髪の毛だけは長く何本も丁寧に引いていた。

ある程度描き上がったかと思うと他の子が黒板消しで、消し始め、そのことでけんかをしていた。

2　オイダラ山へ走る三コ

（ひろし、たかゆき、まこと、あつこ、きょうこ、かおり、たかえ、りょうこ、ゆずる）

腕の長さが短かったり、腕をうまく曲げて描けなかったりで、ずいぶん苦しんでいた。

足はたかゆき君、ひろし君が中心となっていた。女の子たちは髪の毛や顔、葉っぱなどに分かれて描いていた。

3　火にとびこむ三コ

（あさこ、ときこ、ひであき、しんいち、きんや）

横向きで側転をするような姿勢であり、批評会のときに他のグループから、「山はどこにあるの」と言われたり側転のことをやはり変だと言われたりして、何回も描き直していた。

だが、真正面を向くのは難しいらしく横向きを否定されてから、どうすれば良いのかを考えていた。

やっと気を取り直して取り組み始めた。山を見ているのだから目は下を向いていると言って描いていた。

このグループは人数が少ないためか、けんかもほとんどなく、お互いにモデルになり合ったりして作っていた。

あさこがひょうきんなことをしながら、よくグループをまとめていった。

4　オイダラ山をだきかかえ火を消す三コ
（おさむ、ようじ、ひでお、しげる、りえ、るみ、くみ、みお、めぐみ、ゆきえ）

髪の毛がみんな針のように、真っ直ぐ上へ伸びている。腕が山をだくには弱すぎると言う意見が批評会のときに出ていた。

人数はこのグループが一番多いためチョークを取るのが容易ではなかった。

描くにも小黒板の上に場所がなかった。一グループに十人は多いと思った。

6　紙での下絵

二月二十八日にやっと紙（ロールケント紙）が手に入り、小黒板で描いていたものを、その約二倍の大きさに写すことにした。

小黒板では、あまり細かいところまで描けないグループもあったが、だいたいの動きがあらわせれば、紙での下絵では細かく描き込んでいけると思い、すべてのグループをロールケント紙での下絵へと進ませた。

五時間も小黒板で描いては消しをしていたので、中にはだれてきたグループもあった。

鉛筆の下絵の段階が、特に大切だと考えていたので、十分時間を取って描き込むことにした。

しっかり描き込めれば、色の方はなんとかイメージとしてつかんでくれると考えたからである。

1 「山に木を植える三コ」

ティントレットの影響でやけにゴボゴボとした足の筋肉になってしまっていた。こぶだらけの足で気持ちが悪いほどであった。しかし安定感はあり、木を優しく植えている感じだけはよく出ていた。

「おまえ、ここはやるな。あっちをやれよ」とか「木をかけよ」「オンチャは」とみんなからつつかれたり、けんかをしたりしては描いているので、少しも進まなかった。三月中に出来上がるだろうかと心配でならなかった。

2 「オイダラ山へ走る三コ」

小黒板のとき悩んでいた腕の動きがここでも抵抗となっていた。

モデルになりあっては絵を直すのだが少しもうまくいかなかった。

「足が開きすぎている」と言われても重なるようには描けないので、「走っているときには開きってしまうことだってあるかも知れないね」と言って、これでいいことにした。あとで三コの走っているところの写真を見たら、腰がきちんと回転しており、股もよく上がっていた。スピード感があり、よく追求していると思った。あとで、難しいからと、そこで手を抜いたことを悔やんだ。

また、三コの足元には男子が、象やライオンなどを描いており、走る三コに小石のようにパチパチとあたるところだと言っていた。

「でも、日本に象やライオンがおったかなあ」と、みんなで話し合い、変だということで消してしまうことにした。

3 「火にとび込む三コ」

側転の格好から真正面向きに移り、紙の下絵では、腰からやや斜めに曲がってとびかかるような姿になっていた。

ときこさんとあさこさんが右手と左手に分かれて手のひらから描き始めた。

腰のところはあさこさんが描いていたが、大きな紙だったので位置がうまくつかめなかったためか、鉛筆の線が腰のところで斜めに曲がり、真正面は向いているのだが、今までとはずっと変わって、とびかかろうとする感じがでてきていた。

「先生、斜めに曲がっちゃった」と、あっけらかんに、あさこさんは言う。髪の毛や顔を描いていた男子も少しくらい曲がったことは気にしていなかった。

「まっすぐ向いているより、今から飛びかかろうとしているみたいでいいでしょ」と言っている。

足の筋肉もかなり強そうに描けていた。

オンチャが一人、三コを見ているところがあるが、三十分も金弥君は口を開けたままモデルになり通した。

胸の筋肉などはティントレット、デューラーなどの模写したものを、教室の後ろに張ってあったので、そこからもらってきて描くことにした。

4 「オイダラ山をだきかかえ火を消す三コ」

髪が小黒板の下絵に比べると、幅広くのぼっていた。

校務主任の先生が下絵のときに見てくれて、「髪の毛は火にあたためられると、こう前の毛は曲がって上へあがるのではないか」などと、私が見落としていたことについて、身振りをつけて語ってくれた。学年主任の先生も大きな絵に驚きながら、黙って応援してくれていた。

炎が左右対称になってしまっていて、ちょっと遠ざかって見ると、ふとんを着ているような絵になった。しかし、私にはどうしたらよいか、よく分からなかったので、炎の先だけは尖らせておくようにと指示だけを出しておいた。

小さな小さな山の木を、女の子たちは一生懸命何本も描いていた。

7　色つけ

色をつける段階になると時間が気になってしかたがなかった。早いグループが、三月五日から色をつけ始めた。

下地に「太陽の光の色」と言って、堀江先生の実践から学んだ言葉をつかい、黄色をつけた。「えんぴつの命の線」に、迫るようにぬるんだよと話して色をつけさせた。時間がいくらあっても足りないように思えた。

この広い画面に、黄色をつけるところはいくらでもあった。グループ内で手分けしてつけても、少しも白い画面はへっていかないように思えた。しかし、それだからと言って、乱暴に色をつけさせるのは嫌だった。

「命の線を越すと血が出てくるんだ。絵がそこから死んでしまうんだよ」と、何回も繰り返し繰り返し子どもたちに言って回った。

三学期が終わるまであと十五日しかなかった。

遅いグループは、まだ、けんかをしたり、もめたりしていた。あせることだらけであった。子どもたちは、そんな私のあせりをあまり気にしていなかった。

あせりもあり、色つけでは、絵の具をパレットで混ぜ合わせて、色を作る指導はしないことにした。とにかく、点々と色を原色のまま丁寧に下絵の上に置いていくという方法で仕上げていくことにした。

しかし、子どもたちのなかには、パレットの上や筆を洗った後の水の変化などを楽しみ、色を混ぜている子もいた。

色つけでも毎回、終わった後で短い批評会を行った。

真っ黄色の「とび込む三コ」や「走る三コ」を他のクラスの子たちが廊下から見ては、目を丸くしていた。

窓二つ分の、あまりに大きな絵だったので、こわいと思って見ていたのかも知れない。

1 「山に木を植える三コ」

なんだか乱暴な感じで仕上がってしまった。

しかし、少し離れて見ると重量感や安定感があり、優しく木に語りかけてでもいるようであり、男の子たちも本来の優しさをちゃんと描いているようであった。

バックの空は、最初ただ横に線を引いていただけで、三コが木を植えている優しさを引き立てる空の色ではなかった。

これでは、せっかくの三コを殺してしまうことになるので、絵ハガキや本の中の空の写真を見せ、自分たちでこのときの三コの気持ちに合う空を選ばせた。

すぎ君やよしのり君は疲れてくると、命の線を越えてしまうことがよくあった。疲れた二人は外の空気を吸いに行くと、しばらくしても戻ってこないので、どうしたのかと見に行くと、隣の教室の授業をのぞいていたりした。

【子どもたちの感想】

〈すぎかず〉

三コは、そだって、大きな三コになった。三コが、みんなのしごとをやってくれた。そして、三コは、山でねていると、さわぎで目をさました。三コがおきた。そして、三コは走って行く。三コは、火の中に入った。

三コは、もえるオイダラ山を、手でかぶさっていた。からだがもえた。

ミコは、死んだ。

そして、何年も、何年もたった。もう、ミコを見る人は、だれもいない。でも、まだ、ミコはいるよ。

そして、雲は、ミコばかりを見ている。ミコは、山を、もっている。


〈たかみち〉

ぼくは、ミコをかきました。ぼくたちは、木をうえているところをかきました。

まず、黄色は、ぼくとはるくんとまさみくんで、ぬりました。そして、こうちゃんは、かみの毛をかきました。

こうちゃんは、いろんな色をまぜました。茶色とかみどりをつけたりしていました。

そして、ぼくと、はるくんとまさみくんは、できたので、こんどは、足のところを赤でぬりました。あんどうくんも、やりました。空の黄色がぜんぶできたら、こうちゃんといっしょに、空をぬりました。こうちゃんは、青と白をまぜて、水色をつくりました。まさみくんは、山をぬりました。山は、なんかねずみ色をぬって、そしてみどりをぬっていました。

そして、あんどうくんは、木をぬりました。茶色をたくさんつけていました。

まさみくんは、山だったから、山にむらさき色をぬりました。

そして、ぼくとこうちゃんは、もうできたので、山の色をぬりました。茶色と水色をぬりました。


〈まさみ〉

一月から三コをはじめた。さいしょに先生が三コのおはなしをよんだ。それから、はしっているところと、木をうえているところと、山にかぶさっているところと、山にかぶさろうとしているところを、こくばんにかいて、それから、えんぴつでがようしにかいて、えのぐでかきました。

三コがかんせいしたのがちょうど三月です。

ぼくは、ようじくんのえが、だいぶはくりょくがあります。つぎに大月くんのえがとびだしてみえます。


〈よしのり〉

きょうぼくは、三コのえをみせてもらいました。三コが火につっこみました。そして、めぐちゃんが火をさわりました。ぼくはあつくなかったです。しげるくんがたちました。

そして、三コがしにました。そしておんちゃがしゃべりました。こうちゃんが、三コはどこにもおると言いました。そして、ぼくがかきました。

〈はるひさ〉

ぼくは木をうえているところをかきました。

そして、こくばんにかいたり、がようしの大きいやつにかいたりして、それができたら、えのぐをぬりました。ぼくは足のところをぬりました。そして、土のところもやりました。黄色の色のところに、いろいろな色をまぜました。まさみくんは、その上をあかいいろでぬりました。あんどうくんは山とはっぱをぬりました。

三コの絵は、一月から三月までかかったので、手がつかれました。そして、三まいがかけたので、ぼくたちも、はやくかんせいできると思っていたら、それから、一日かかりました。

やっと、四まいかんせいしたので、よかったと思います。

ものがたりの本の絵を見せてもらった。ぼくたちの絵とぜんぜんちがいました。

〈たかえ〉

一月から、三コをかいた。みんながチョークで、小黒板に三コをかいた。ゆずくんが、チョークをもっていなかった。それで、わたしが、もってきてあげた。三コのかみの毛は、むずかしかった。わたしは、はっぱだったけど、かみの毛もかいた。

まさみくんが、ちょろちょろ見にきた。わたしも、あさちゃんのグループのかみの毛を見た。三コが、いちばんむずかしかった。

きんちゃんが、見にきた。あさちゃんのところは、山にとびこむところでした。

あとで、絵のぐでかきました。

〈こうじ〉

ぼくは、木をうえるところの、三コをかきました。

そして、ぼくのかいたところは、足、手、かお、かみの毛。手伝ってあげたところは、空、山、木、はっぱを手伝ってあげました。

そして、先生がまさみくんに「山は、むらさきでかこう」といいました。こんどは、ぼくに、「かみの毛は、いろいろな色をまぜてかこう」といいました。

「山に木を植える三コ」

はっぱもぬりました。

2　「オイダラ山へ走る三コ」

女の子たちが、服のはっぱを一つひとつ色を変えては、点々と置いていった。左腕はひろし君、右腕はあつこさんやりょうこさんが描いた。たかえさんは髪の毛というように、それぞれの分担もいつの間にか決めていたようである。たかゆき君とゆずる君は足を描いていた。色がどうしたら足の色になるのか分からなくて、黄緑を出したり黄土色を出したりしては悩んでいた。

山の上の赤く燃えているところなどは、あつこさんやかおりさんが、根気よく点々とうちこんでいた。まったく根気比べのような仕事であった。空の暗い部分も点々で描いていったから、このグループは、ほとんど点描で描き上げてしまった。

【子どもたちの感想】

〈あつこ〉

はじめに、先生が三コの話をしてくれました。そして、三コのえは、見せてくれなかったけれど、おんちゃ、やま、それだけ見せてくれました。

そして先生が、三コのえをかきなさいといいました。

わたしは、いまから三コが、山にかぶさるところをかきました。そして、だいぶたってから、先生が、こくばんにかきなさいといいました。

わたしは、はしるところをかきました。それから、グループになりました。まこちゃんや、りょうちゃんや、きょうこちゃんが、きました。

そして、こくばんがおわったら、大きなかみに三コをかきました。

かお、足や、うでや、かみや、とりや、からだや、山やはっぱを、いちまいいちまいかきました。


〈きょうこ〉

三コは大きい。

ずっと前、道をみんなであるいていると、雲が三コに見えた。

わたしがかいたところは、走っているところ。ことりや、どうぶつが、三コにぶつかったりしていた。

はじめは、いやだったけれど、下がきをかいたら、絵のぐをつかうって言ったので、うれしかった。下がきをかいてみて、えんぴつでかいて、絵のぐでかいた。そして、ちゆういは、されたけど、うれしかった。

一年生で絵のぐをつかえたんだから、よかった。けれど、あさこちゃんの組にいけばいいなと思ったけど、まことちゃんがきたので、うれしかった。

りょうこちゃんと、あっこちゃんがひっついていた。

そして、あさこちゃんたちがかんせいしました。

つぎに、ようちゃんたち、ゆずるくんたちもかんせいしました。まだ、こうちゃんたちはあさこちゃんたちに手伝ってもらっていました。

〈たかゆき〉

しょうこくばんのとき、ぼくたちの三コがはしっているところをかきました。本の三コは、ななめで、ぼくたちの三コは、たってはしっていて、はじめてみました。

〈りょうこ〉

ぬるとき、むねがどきどきして、あまりぬれませんでした。とてもむつかしい。そして、一ばんむねがどきどきしたものは、はっぱでした。とりのときもむつかしい。あっちゃんは、手と、山と、はっぱをぬりました。そして、かおりちゃんが、わたしといっしょのところをぬりました。とてもむつかしいところでした。そして、おぜきくんは、からだのいろと、ももいろをつくってしまいました。なわは、きょうこちゃんがかきました。

〈まこと〉

はじめに三コを小黒板にかきました。

先生が「みんなといっしょに、だれが、どこをかきますか」といいました。

わたしは、「とりをかきたい」といいました。

たかちゃんも、とりをいっしょにかきました。そして、わたしとたかちゃんといっしょに、先生のところへ行って、「とりごやに行って、とりを見てきていいですか」とききました。

先生は、「いいよ」といいました。

そして、とりごやへくつをはいて、入っていきました。

たかちゃんとしゃべりながら、見ていました。とりのことが、分かったら教室に入って、ことりをかきました。

紙にかくようになって、とりをかこうと思ってもうまくかけなくなりました。

そして、とりが、かもめになってしまいました。

そして、絵の具でぬるときがきました。


〈かおり〉

はじめに、先生が、三コの本をよんでくれました。

つぎに小さい黒板に、三コが走っているところをかきたい人はチョークでそれをかいて、火をけしているところをかきたい人は、それをかきました。

木をうえているところをかきたい人は、うえているところをかきました。

わたしは、チョークが、なかったので、かけれませんでした。きょうこちゃんが、だいひょうになって、かきました。

そして、絵のぐでかくとき、こくかいたので、えんぴつのせんが見えなくなってしまいました。


〈ひろし〉

さいしょにかいた三コは、へただった。

きんにくのかきかたをれんしゅうした。それは、とてもむずかしかった。でも、やりました。

それが、おわったら、丸みをつけるために、金づちをかきました。

そして、やっとできて、こんどは小黒板で三コをかきました。

ずっとつづいたけど、やっとできて、次は、大きな紙にえんぴつで、かきました。

一ばん目におわったのが、あさちゃんたちでした。次は、ぼくのところでした。その次が、ようちゃんたちでした。さいごが、こうちゃんたちでした。

さいしょに、光の色、黄色ばっかりぬりました。

一ばんに、かんせいしたのは、しんちゃんたちでした。

二ばんめは、ようちゃんたちでした。三ばんが、ぼくたちでした。さいごが、こうちゃんたちでした。

こうちゃんたちが、ずっと一ばんおそいので、さびしいと思いました。

三コをぬりはじめたのが、一月からでした。そして、ぬったあとで、みんなでよく見ました。

かみの毛をぬったのは、まこちゃんと、きょうこちゃんが、ぬりました。

手をぬったのは、はたけ山くんと、あっちゃんがぬりました。

「オイダラ山へ走る三コ」

3 「火にとび込む三コ」

ときこさんが右手、あさこさんが左手、しんいち君やきんや君は足、ひであき君、たかゆき君は髪の毛というふうに自分たちで分けて描き始める。

影のところには黄緑を入れさせてみた。しんいち君、ひであき君がバックとなる空を、ぬりはじめた。

山にそって描いていた線が、途中から盛り上がってきて、うねっているような空になった。大胆な表現をするものだと驚いてしまう。

【子どもたちの感想】

〈あさこ〉

三コのえをかきはじめたのは、一月です。

その前に、きんにくのつけかたを、れんしゅうしました。きんにくは、うで、足、はら、でした。

そのつぎに、小さいこくばんにれんしゅうしました。

はじめは、そくてんをやっているみたいだったので、こんどは、すこし手くびのところを、まげました。でも、左手がみじかすぎて、だめです。

それから、わたしが、「前むきにしようか」と、いいました。それで、前むきにしました。

二時間ぐらいつづきました。でも二時間は、すぐおわってしまいました。

わたしは、四時間じゅうずうっと三コのえを、描いていたいとおもっていました。

こんどは、三コのえに、えのぐをぬりました。

わたしは三コのからだの中にかげがあるところを、かきました。むずかしかったです。

むねのところもぬりました。空もぬりました。

さいごに三コの本とくらべました。ぜんぜん、にていなかったです。

〈ときこ〉

はじめ、ちいさいこくばんにれんしゅうしたとき、よこむきにかきました。

あさちゃんが、「よこむきをやめた、まえむきにしようか」と大月君に、きいたら、

大月君は、「どっちでもいいよ」といったので、まえむきにしました。

きんや君は、口を三十分もあけたまま、オンチャのモデルになっていました。

〈きんや〉

ぼくは、あさこちゃんと、大月君と、しんちゃんと、ときこちゃんと、火にとびこむところをかきました。

ぼくたちは、はやく、きれいにかいて、かんせいが、ちょっとおそくなったけど、もう、ぼくたちの三コは、かんせいしました。

ぼくは、オンチャと、はっぱをかいて、足と山をぬりました。

手とはっぱをかきました。おびを、ぼくと、ときこちゃんでぬりました。田んぼをぬりました。田んぼのそともぬりました。

はっぱが、むつかしかった。足がむつかしかった。山もむつかしかった。

ぼくが、一ばんむつかしかったところは、足と手でした。

先生が、まあるく、まあるくばっかりいっていました。山だったら山のせんにそって、といいました。

ぼくは、足が一ばんじかんがかかりました。

〈しんいち〉

火にとびこむ三コ。

三コは、はじめに木をうえて、山の上にすわって、水の上に、かげができていました。そして、山の上にねころんでいて、なんかの音がしたので、オイダラ山の方へ行きました。

オイダラ山は、もえていました。三コは、火にとびこみました。オイダラ山をはなしませんでした。

きんにくや、かみの毛がもえました。それでも、三コは山をはなしませんでした。

それでも、三コはまだ生きています。どうしても、はなしません。かわいそうです。

それでも、はなしません。

そして、またもえてきてしまいました。かみの毛はもえました。そして、やっと、しんでしまいました。

おんちゃたちは、なきました。そして、三コは、いるといいました。どこにも、いるといいました。

ぼくは、まんだ、いると思いました。

〈ひであき〉

学校で、三コの絵をかきました。さいしょは、チョークで、小黒板にかきました。ぞ

「火にとび込む三コ」

うきんをけしゴムにしたりしていました。

オンチャは、なかなかかけませんでした。そのあと、ずいぶんへたになったけど、まっ白なかみに、えんぴつをつかって、チョークでかいた絵をうつしました。

先生は、「かおより、手の方が大きくしなさい」といいました。そして、「オンチャは、かおを大きくして一人だけにしよう」と言いました。

すいさい絵のぐでぬりました。

さいしょは、レモン色で、むねのへんからぬりました。

4 「オイダラ山をだきかかえ火を消す三コ」

このグループは、私が他のグループに気を取られているときに、大事なポイントのところを、子どもたちに先をこされてしまった。

先に進んでいるグループのやり方を見てきては、空の色、身体の色などをつけていた。

【子どもたちの感想】

〈るみ〉

わたしは、三コのことをわすれない。

わたしは、三コが山にかぶさったところをかきました。でも、いいふうにかけたかは、わかりません。

こくばんに、かくとき山を、おおきくかいたほうがいいっていわれて、あんなにおおきいのにと思いました。

〈りえ〉

はじめに、三コの本を、よんでもらいました。それから、小さいかみに三コのえを、かいて、きんにくをかいて、小さいこくばんに三コをかいて、かみにかいて、えのぐをぬって、いそがしかったです。

それで、えんぴつのときは、しんがおれて、いっぱいおれました。

えのぐのとき、ふくにえのぐが、ついたりしました。それで、かんせいのまえに、てんてんのところをすこし、ぬってしまいました。

火のところは、うずまきでした。うずまきがやれませんでした。わたしは、火はふるえてやりました。

どうしてかというと、ゆめで、火のえをかいたら、火がとびだしてきたから、ここでもとびだすとおもったからです。

〈おさむ〉

はじめに、小さいかみに、三コのよそうをかきました。

そして、ぼくは、走っているところだったけど、火にかぶさっているところに、なおしました。

そして、みんなで、学校のまわりを見ていたら、空に三コのような、でっかい雲がありました。そして、きんにくのつき方などもやりました。

先生に本もよんでもらいました。

下がきが、はじまりました。大きな紙にもかきました。

顔をかこうと思ってかいたら、ようちゃんが、

「おまんじゅうに、なっちゃった」といいました。

だんだん、かんせいしてきました。

かんせいしてから、先生が、また本をよんでくれました。

あと、わるいところをなおすだけ。早くかんせいしたいと思います。

〈みお〉

わたしは、三コのどこをやったかというと、三コが山へ、とびこんだところをかきま

した。

わたしを入れて、なかまは十人です。

〈ひでお〉

三コをかきました。はじめ、チョークからかきました。ちょっと三コはむずかしかった。

えんぴつは、むずかしかった。えんぴつがおわったら、絵のぐになりました。山とほのおがむずかしかった。

しげくんは、ベタベタとぬっていました。しげくんは、ちょっとだけ、水をこぼしました。ぼくは、木をかくとき、こくぬりました。うでを大きくしました。

えんぴつで、うでをかきました。うでは、はじめ小さかった。しげくんは、あそんでばかりいました。

外へ行って、木を見ました。木を見たとき、遠くのいぶき山に、ゆきが、つもっていました。

〈しげる〉

ぼくは、三コはつよいんだと思った。その三コが、いないんだと思ったとき、ぼくは、

「オイダラ山をだきかかえ火を消す三コ」

三コよりつよくなると思った。

〈めぐみ〉

わたしは、三コをかくとき、あそぶことが多かったです。

わたしは、ただ、ほのおを少しかいて、山もすこしかいただけでした。そして、絵のぐを出して、これは、なに色といって、色をまぜていました。

〈ゆきえ〉

わたしは、どこをかいたかというと、三コの毛です。

ともだちがあそんでいたので、かんせいがおそくなってしまいました。そして、できあがったら、二ばんで、できました。

けむりをかくのが、おそくなりました。

そして、ようちゃんが、はやくかいてくれました。

8　完　成

やっと完成し、今までカバーをかけて読んでいた絵本のカバーを取り、今度は絵本の絵を、じっくり見せながら読んでいった。

山に腰掛けている三コが、自分たちの描いた三コより大きくて立派だったものだから、みんな「ワァーッ。大きい」「すごい」と、目を輝かせていた。

そして、火事の場面まで読み進むと、りえちゃんが、「先生。その火とび出してこない。わたし夢で三コの山火事の火が、飛び出してくる夢を見たんだよ」と、心配そうに言った。

すると、よしのり君やすぎかず君が絵本にさわりに来て、「あつくない？」「あつくない？」と、たしかめるのだった。

子どもたちは絵本の一場面、一場面を本当に大事そうに見ていた。

私は絵本に、これまで、こんなに子どもたちを、ひきつける魅力があるとは思ってもいなかった。

仕事を通して関わりをもつことが、どんなに子どもたちにとっても、大切かということを知らされた。

一月十七日から、準備を始め、二月二十一日にグループをつくり、三月十五日に完成する。およそ三十時間かかってしまった。

名古屋の一日研究会で、斎藤喜博先生に、「絵としてはよいが、三コという題材が一年生にあうかどうか問題だ」と指摘していただいた。

記録を読んで――上野省策

幸野君は実に立派な教師である。子どもたちの心の中に育みたいものをはっきり自分の心の中で握っている。

私は最初この指導を見たとき、一年生としては難しい題材をよくここまでこなしたなと思ったが、よく見ると一年生らしい素朴さもあり、学級の持っている暖かい人間的なつながりも感じられた。これは幸野君の学級経営がそのようなものだということを示している。

子どもたちの描く絵は必ず、その教室経営の感情状態を映し出す。私はそのような経験を重ねている。最初に子どもたちにつかませたい場面を考える描写があるが、こういう指導過程は一年生には必要だ。

ことに物語ものを作画する場合、低学年になればなるほど、教師のキチンとしたねらい（あえて指導性といわない）が必要であると私は思っている。

「わら半紙にえんぴつではしりがきさせたのを見た。かなりおさない絵ではあったが、じっと見ていると何か訴えるようなものがあるようにも感じられた」

という考えもよい。

教師は子供の絵を深く読み取らねばならない。だからそまつにあつかってはいけない。特に可能性を見出す方にみてゆかねばならない。物語の読みについて西岡さんに学び、何回となく読み聞かせておるのもよい」（勿論感情をこめて）。特に低学年では大切なことである。五時間程かかって小黒板に下絵を描くのもよい。この持続する力をもたせるということは教師の教師としての実力を示すところだ。

昔、指導要録に「美的情操の陶冶に資す」というような言葉があったが、感情表現を意志的作業によって行い通すことではじめて情操といわれる人間の心情が養われると思う。

あとでだれてきたグループもあったといわれるような場面も出てくるが、美術の教育でこそ、このような持続が出来るのだ。

描くときも西岡さんの「八郎」の表現から学んでいるが、このように、教師が教師の実践から学ぶという輪と広がりをつくることこそ今の日本の教育で必要なことだと思う。そして「オンチャが一人三コを見ているところがあるが、三十分もきんや君は口を開けたままでモデルになり通した」というくだりなど、こういう教育も行われているのだと私の心の深いところでつぶやかずにはいられなかった。

色を混ぜ合わせずに点々と原色のままで置いていったという指導の仕方も、低学年で色彩をにごらせない指導のためには必要なことだ。なかなか、うまく考えていると思う。子どもたちの感想文も大変参考になった。一年生の指導としては、美術教育として画期的な仕事であったと思う。

9　三コの共同制作を終えて

「授業が出来るのは後、五日間だけである。もう、あれ以上あたれない。あと何をすべきかということが、はっきりしない。今は、なにか空白である。」

制作過程を振り返ってみることにする。

1、本を読む。
・大事な場面はどこか。そのときの表情をうかばせる言葉や、動き。
・顔の表情。目の動きをどう表現すればよかったのか。今回は、特にこの点が弱かった。

2、下準備の不足。
・絵の具の使い方（技術的に大事）を教えるということに、気付いていなかった。
・顔を描く練習をしていない。
・木や鳥など、登場する物（脇役）の大切さが、分かっていなかった。
・グループと人数の関係（紙の大きさ）。

3、子どもたち全員を、三コという絵に没入させる方法や言葉をたくさん持っていなかった。
4、遊ぶ子がいたことへの手立てや配慮の必要性。
5、その年齢の子たちに適した題材であるかの選択力を持ちたい。

一年生　絵画「うし」（昭和五十四年度）

愛知県の木曽川下流にある小学校で受け持った二回目の、一年生の作品である。学校からおよそ百メートル離れた農家に牛が数頭飼われていた。農家の主人に許しを得て、一年生をつれて何回か牛小屋に通った。

目の前で見る牛は、繋がれてはいるものの迫力があり藁などの餌をやろうとするのだが、存在感があった。

下地は黄色ではなく、牛の肌の色（黄土色や薄い朱色）を下地に置かせた。その上から白い毛や黒い毛（黒に赤を混ぜたり、黒に青を混ぜた色）などを描かせた。

首だけの作品があるが、この後続けて胴

体を描こうとしている、意欲的な人たちである。

気が楽だったのは、牛は汚れているところが多かったので、濃い色で一年生なりに頑張って汚しても、絵の具の汚れが牛を引き立ててくれるように感じさせられるところであった。

ここに子どもがいる

図工は描き始めると間違いを訂正させていくことは困難である。早めに見取り、やり直させていくことは重要だと思う。

つまずきをどれだけはやく見取り、手立てを打てるか。それをタイムリーにやれないと、修正が難しくなる。

作品に「子どもがいる」か、どうかを見つけることの大切さを斎藤喜博先生より教えていただいた。

いきいきと集中して取り組んでいる線や筆あとがどれだけあるかを見つけクラスの友だちに広げていく。

集中した素晴らしい線や色については、「この線は、すごいね。みんな、おいで。この人の絵を、よく見てごらん」などと言い、描いている子の廻りに他の子を呼び集め、その子の良さを認めていき、よい点の説明をした。

「一、二センチ位のくっきりした線が必ずある。その子なりに集中した線、そこをほめる」

「その子なりに精一杯描いている」

「自信を失って、描く気力が萎えている子がいる。よいところを必ず見つける」

一生懸命打ち込んだ作品には必ず、自分らしさが光っているものだ。

失敗したら、そこからが教師の腕の見せどころ

水を使いすぎてしまったときには、「ドライヤーで乾かし作戦」

部分は素晴らしいのに、全体として思わしくない場合には、「集中した良い部分を、切り貼り作戦」

光を強く出したいときや、違う色が乗ってしまった場合は、「水ではがし作戦」手直しする方法も増えていった。

紙を選ぶ

・何を表現させたいか、その目的のために用紙も選んでみたい。

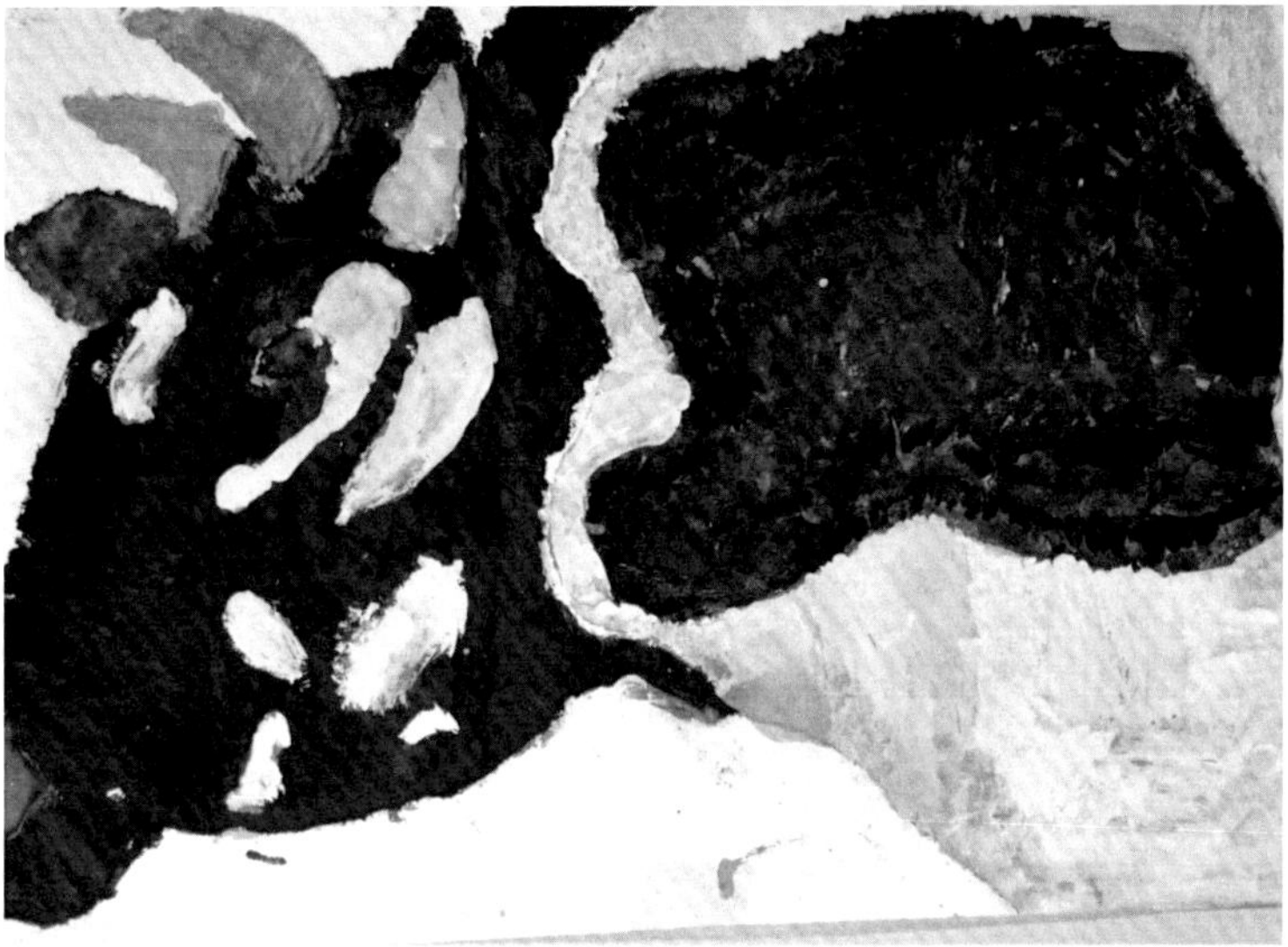

・黄ボール紙
黄色い下地があり色が出しやすい。べた塗りになっても紙が絵の具を吸ってくれる。
・キャンバス紙
水彩をはじきやすいが、油絵風の良さがでる。
・背景としてケント紙を使う場合、子どもの作品が、引き立つような色を選ぶ。

昨日（十月二十八日に木曾の御嶽山が爆発した）

十月二十九日
先週の月曜日に、牛小屋へ牛を描き

に行ってから、今日が、鉛筆描きの三時間目である。

教室で友だちの牛の絵を、お互いに見合いながら、友だちの絵のいいところをもらい合うことにした。

この時間で八枚ほど、絵が大きくなる。りかさんは、牛の乳が人間の形になっていて、なかなか描けないでいた。

子どもによっては、ネズミのような形の絵になっていた。また首の付き方のわかっていない子もいる。しおりさんの牛の絵も、犬から抜け出せないでいる。難しいようである。

今週中に、二回ほど行って、牛と遊びながら、実物を見ながら描かせたい。

十一月五日

二時間目　体育で開脚前回りをする。

十一月二十五日

牛の絵に、かなり時間をとったのだが、出来あがらない。本当は、今週中までで仕上がり、次の絵に入っていく予定であったのだが、終わりそうにないのである。

色は、子どもたちの好きに任せてあるため、後ろの黒板に掲示したある写真を見てはいるが実際の牛を見ていないこともあり、いい加減なところがある。

ただ、丁寧に仕上げようとしつつある。子どもたちの頭の中の色であるが。

牛の絵、かなり取り組みの姿勢が弱い。私の願いとしてここまでは仕上げるぞという気迫が無かったためか、動きの少ない牛が多く出来てしまった。

子どもたちの学級生活も、気迫の無い生活をしているような気がしてならない。

十一月二十七日

牛の絵には、子どもの感動が、素直に出ているものと、出ていないものとがある。それは、牛に対する子どもたちの取り組みの態度ではあるのだが。その取り組ませ方は、すべて私の責任である。

私の取り組ませ方のなかに、子どもたちの絵への追求の弱さが出たのである。

つまり、牛の何を描かせたいのかということ。牛と子どもとの関わりをどう作っていくか。というようなことが、欠けていたのではないだろうか。

ここを描きたい。これを描きたいと、もっと言わせなければならなかった。

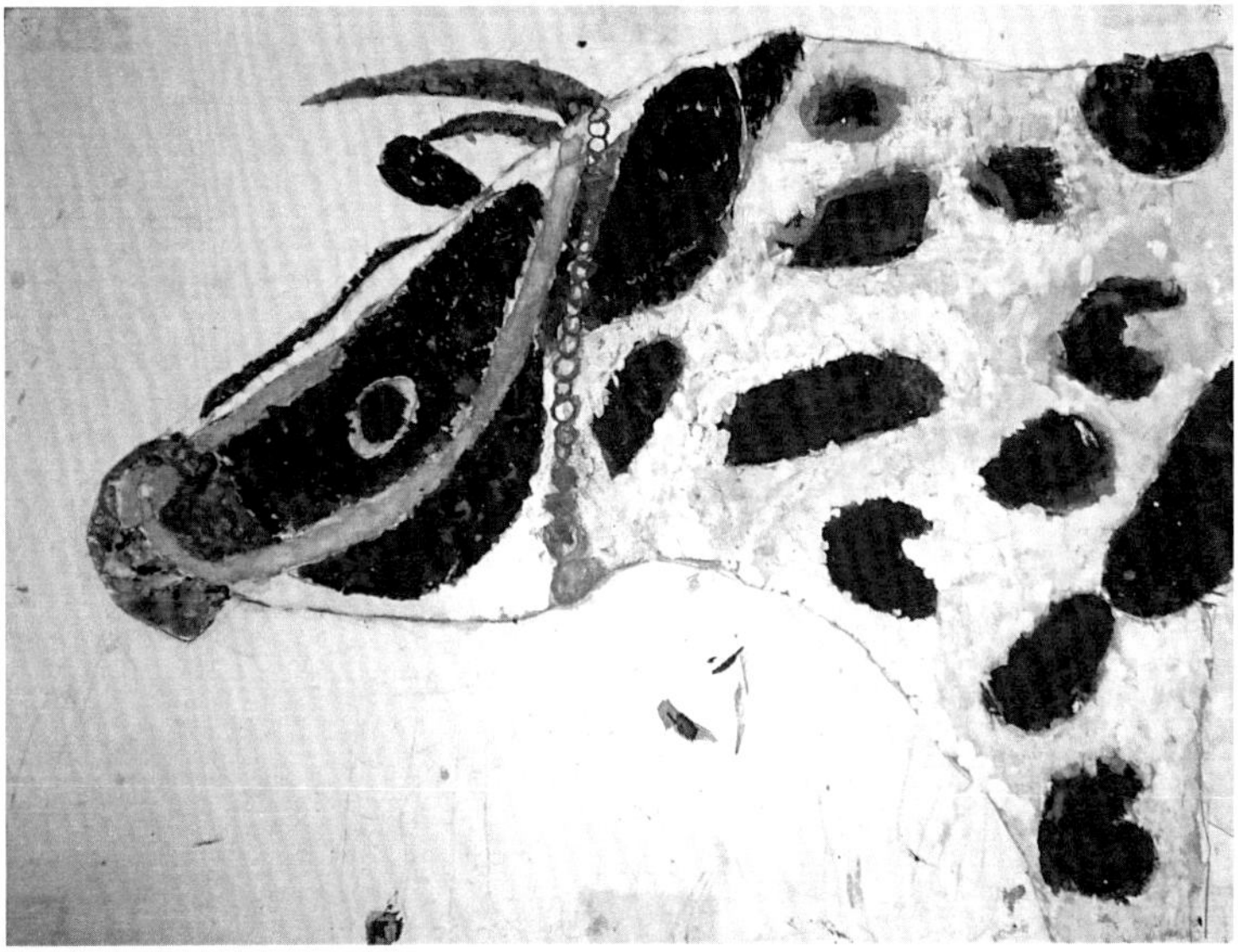

牛が何をしているところであるということを、子どもたちに何回となく言わせたりして、深めていって、もっともっと牛を身近に感じさせせなくてはならなかったのだ。色そのものも、よく見させることが出来なかった。一体どうすれば、「感動」という字が生きてこちらへ向かってくる字となり得るのだろうか。

私が現実の牛を見る目が無いからであろうか。それとも、表現する内容を切実に持っていないからであろうか。

決して目だけに動きが表れる訳では無い。牛の全体に感動して描いているのだから。

一つひとつの物を見せて、描くこと

を要求する。その要求の仕方が、曖昧すぎたのではないだろうか。

たとえ一年生であろうと、こちらが要求するものをきちんと出していなければ、それを拒否するくらいの強さや厳しさがあってもいいのでは無いだろうか。

徹底した仕事をしない限り、その要求の度合いも、子どもたちの力といったものも、はっきりつかみきることが出来ないのではないだろうか。

拒否の仕方については、八方にいろいろ手を尽くさなくてはならない。

十二月三日

牛の絵は、十三枚なんとか見られる

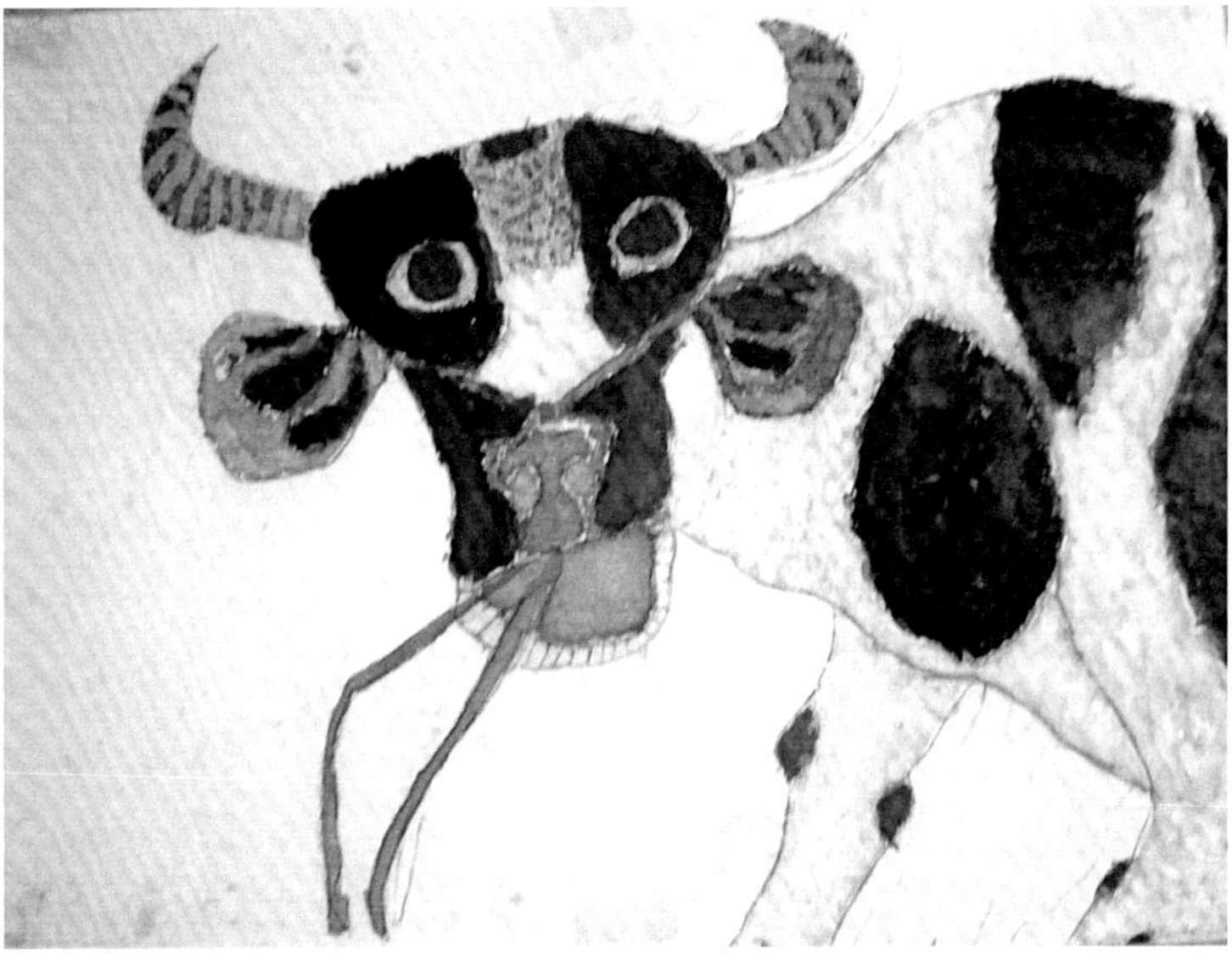

感じになったが、仕上げにあと一回、牛小屋へ行かなくてはいけない。どうも少し単調でのっぺりとした絵になっているような気がする。どうすればいいのか。実物を色つけの段階で見に行ってないので、色がよくない。
　下絵のとき、牛小屋から出て描いていた子どもたちの絵は、やはり一つ物足りない。牛との関わりが弱かった。もっと具体的に見せなくてはいけないのに、そういう段階を、鉛筆の段階で手間をかけなかったのが響いている。牛との心のつながりがつかないのに描かせてはいけなかったのかも知れない。そういう点での徹底が出来なかった。
「牛が何をしているの」「大きさは先

生何人分」「君の足と牛の足では、どれくらいちがうのかな」「角で突かれたら痛いだろうな。固いだろうなあ」「同じ黒でも四十くらい違う黒が出来るんだって」子どもの心を動かす言葉が足りなかったと思う。

十二月四日

鍋小学校の全国公開に参加した。

全校合唱を、鍋小学校の校庭で聴いた。校舎の二階から、一階から、窓を開け外へ向かって歌ってくれた。声が、合唱が降ってくるのである。運動場に響いていた。

第一校時、二校時と続けて、曾川先生の「三コ」の授業を見る。

自分が去年実践した題材であったので、興味をもって参加出来た。五年生だったので、身体　の大きさや場面などについて、全体のグループの学習をして取り組んでいた。

二年生の、オペレッタ「かさじぞう」おじいさん役の女の子は、よく通る声で歌っていた。

「ゆずり葉の歌」は逆瀬台小学校とは、また違う感動の曲であった。学校で、一人だけでやっていては、全校の力が増幅されない。

石川県東陵小学校の小林一之校長先生、矢鋪義金先生と話が出来た。鍋小学校公開の感動でもう胸がいっぱいであった。

小林校長先生が音楽に詳しいので、一緒にいる時間が楽しかった。毎日暇があれば、若い頃からレコードをかけて聴いていたとのことである。自分の耳を肥やし、目を肥やし、腕を肥やしていかなくてはいけない。

やしき先生からは、鉛筆描きの段階でもっと、つめて描かなければいけないと言うこと。これは、今、非常に感じていることで、同感である。単に時間をかけただけの作品では話にならない。子どもの心に突き刺さっていく発問が出来ていないのに、鉛筆の線が生きてくるはずが無い。

もっと自分に対して厳しくなければ。

上野省策先生が、「絵なんて、プロが描かせたって、素人が描かせたって同じだよ。子どもがいかに取り組んだかということが大事だ」という意味のことを話されたそうだ。子どもが本気になって取り組めるような作品（題材）に出合うこと。私自身が本当に納得出来ないこと、まだ注文がかけられ

るのに、中途にしてはいけない。徹底して注文し抜くことくらいの気構えがなければならない。鉛筆の段階で許してしまうと、後からでは取り返しのつかないことになってしまう。だから、計画的に、楽しめるように工夫をしたい。

十二月十二日

あと三人で、完成。

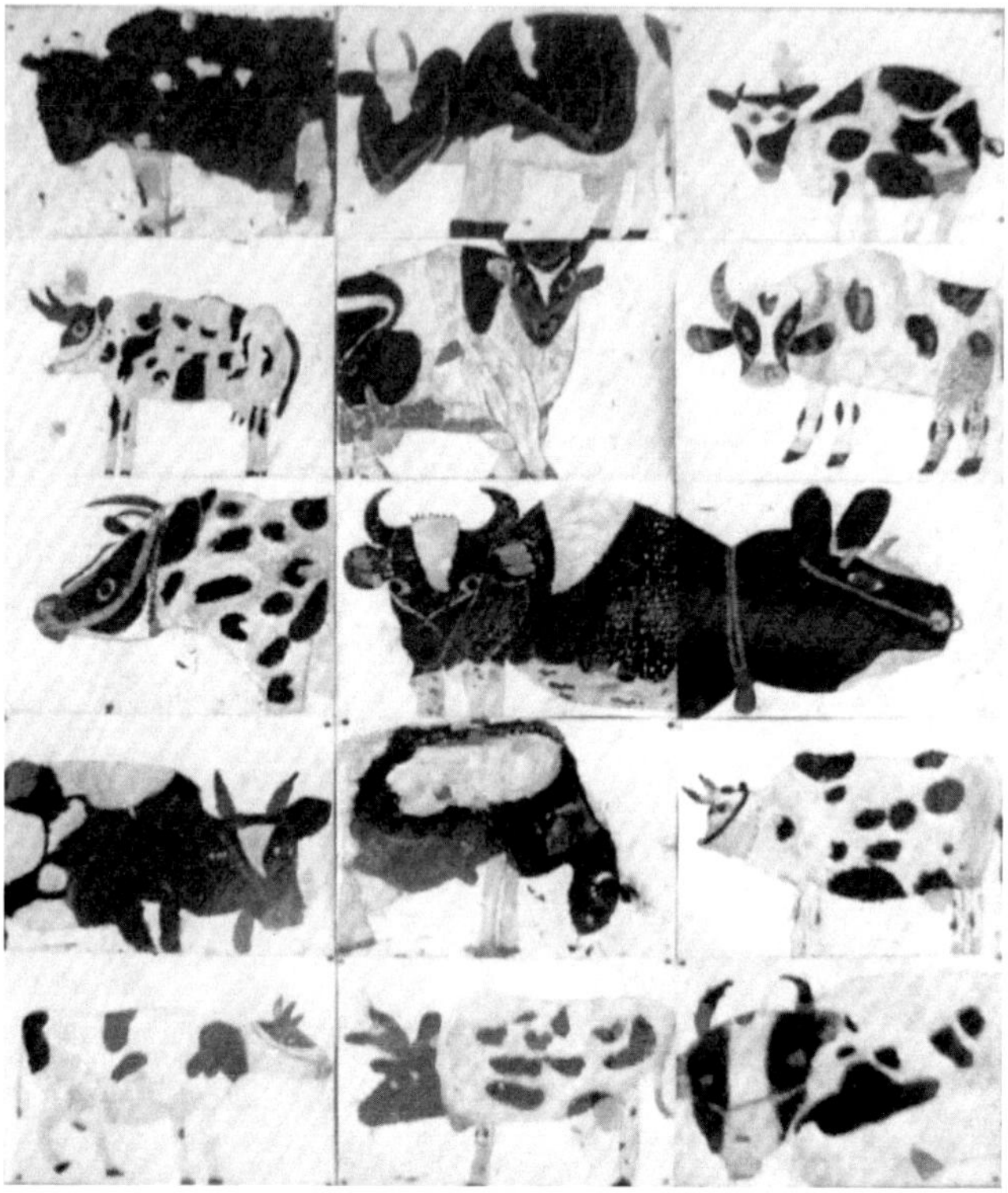

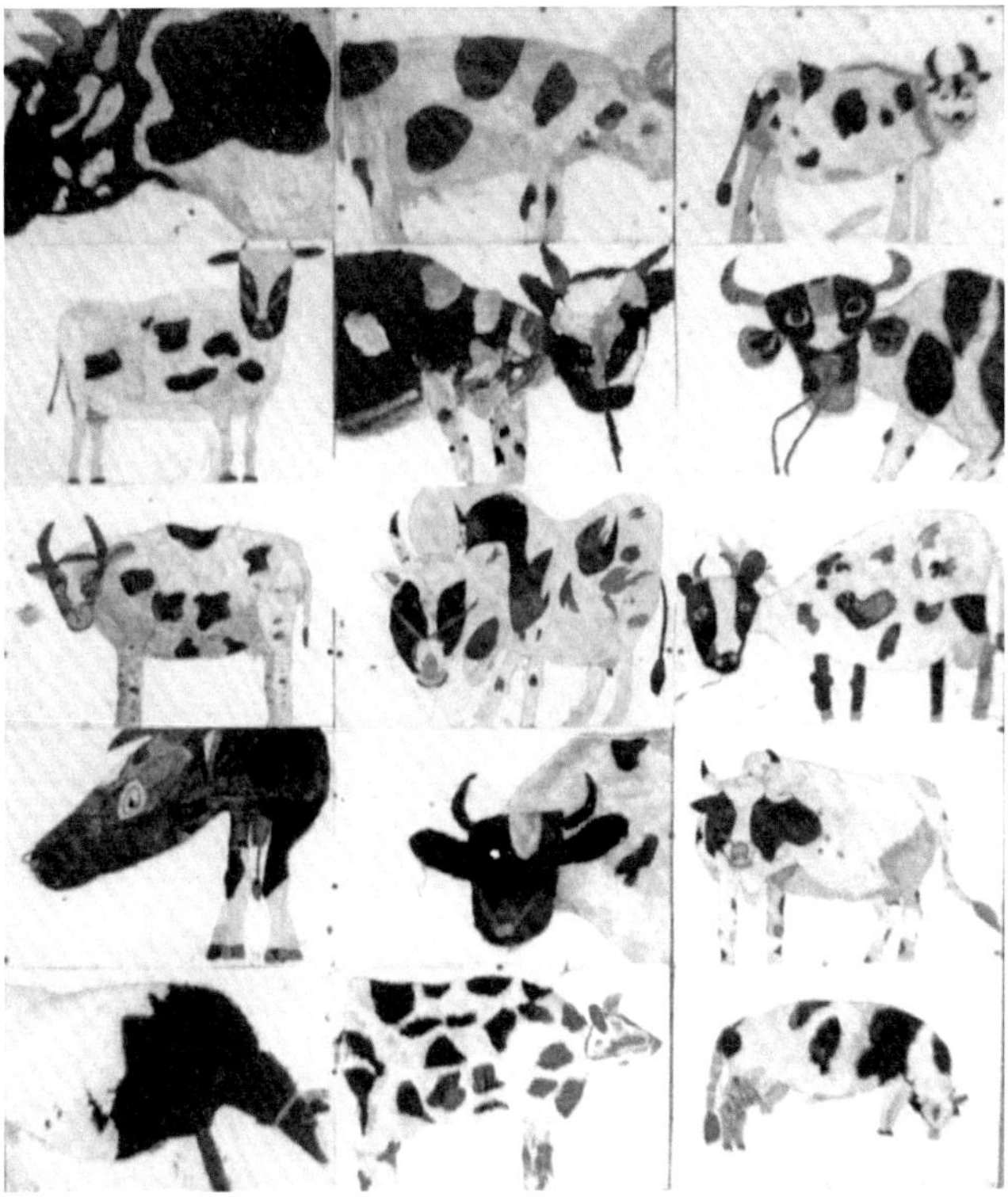

115　一年生　絵画「うし」

四年生　絵画「グローブ」（昭和五十五年度）

この小学校では当時、地区のソフトボール大会があり、練習が盛んに行われており、女子も自分のグローブを学校へ持って来る子が多くいた。

ボールを取ったときの感触やグローブにボールが入ったときのグローブの丸みなどが絵で表せるようにと声をかけた。グローブは、姿を変えた自分だよと、グローブと自分を関係づけようとした。

九月末から十二月中頃まで、「まだ。まだ」と声をかけながら、時間をかけた。

また、西岡陽子先生の仕事から絵画制作の基本的なことを学んだ。

デッサン・鉛筆について

・鉛筆の線は命の線

・ぎりぎりに迫って色を置く。線を切ったり、越えたりしてはいけない。

・線に向かって迫っていく。線に沿うのではない。
・空気と物、物と物との境目を表すのが鉛筆の線。どこまでも鋭く、どこまでも細く。
・５Ｂ〜６Ｂの鉛筆が描きやすい。
・みえない線の発見。（補助線がどこにあるか探す）

筆の使い方

・腰があって、穂先の使えるもの。
・用途に応じて変える。（空いっぱい書くとき、馬の毛などの軟らかく保水性の高い筆）
・穂先を割らない。強く押さえない。穂先をそろえさせる。
・スポンジや紙、ティッシュ等で穂先を常にそろえる。
・押しつけない。筆を軽くもつ。

パレットの使い方

・パレットは、準備運動の場所。「大きい運動場」と「色の小さい部屋」
・パレットの運動場では、十円玉ぐらいの大きさで色を広げたり、混ぜたりする。
・「色の小さい部屋」から、色を少し取り混ぜるが、２色以上混ぜない。

・バケツの水は、出来るだけ換える。

水彩絵の具の使い方

・初めて使うと、透明な油が出る。
・絵の具を、米粒の大きさで一粒だけ出してパレットに置く。（無造作・無神経にぎゅっといっぱい押さえて出す子がいる）
・赤・青・黄色の３原色でよい。（白・黒は最終的に必要なときのみ使用）
・パレットの小部屋に出す。

着色（基本は3原色＋水）

・色は【赤・青・黄】と水の４色
・水の量……加減で調整する。
・ぬり重ねは、下の色が乾いてからが原則。
・「水たまりの上には描けないよ」
・（ドライヤーで乾かしてもいい。水たまりにならないようなぬり方を身につけさせる）
・色の調和→黄色が下地になくても、色と色がけんかしないように気をつければいい。

・光↓ハイライト
・白・黒の絵の具は、安易になってしまうので、よほどのときにしか使わない。
・画用紙の地の白を生かしてもいい。

タッチ
・筆のタッチは一方向に。往復はやめる。
・こすると紙が破けたり、色が汚れたりする原因になる。発光も悪くなる。
・色を画用紙に「置く」感じ。
・筆の流れの跡が、消えているようでいて流れが感じられる程度に。

点描も、方向を一定に
・ペンキ塗りとは異なる。
・濃淡や筆の息づかいを感じられるように。

水分
・一筆がなめらかに画面を走るだけの水分を筆に残す。(画面を斜め方向から見ると、

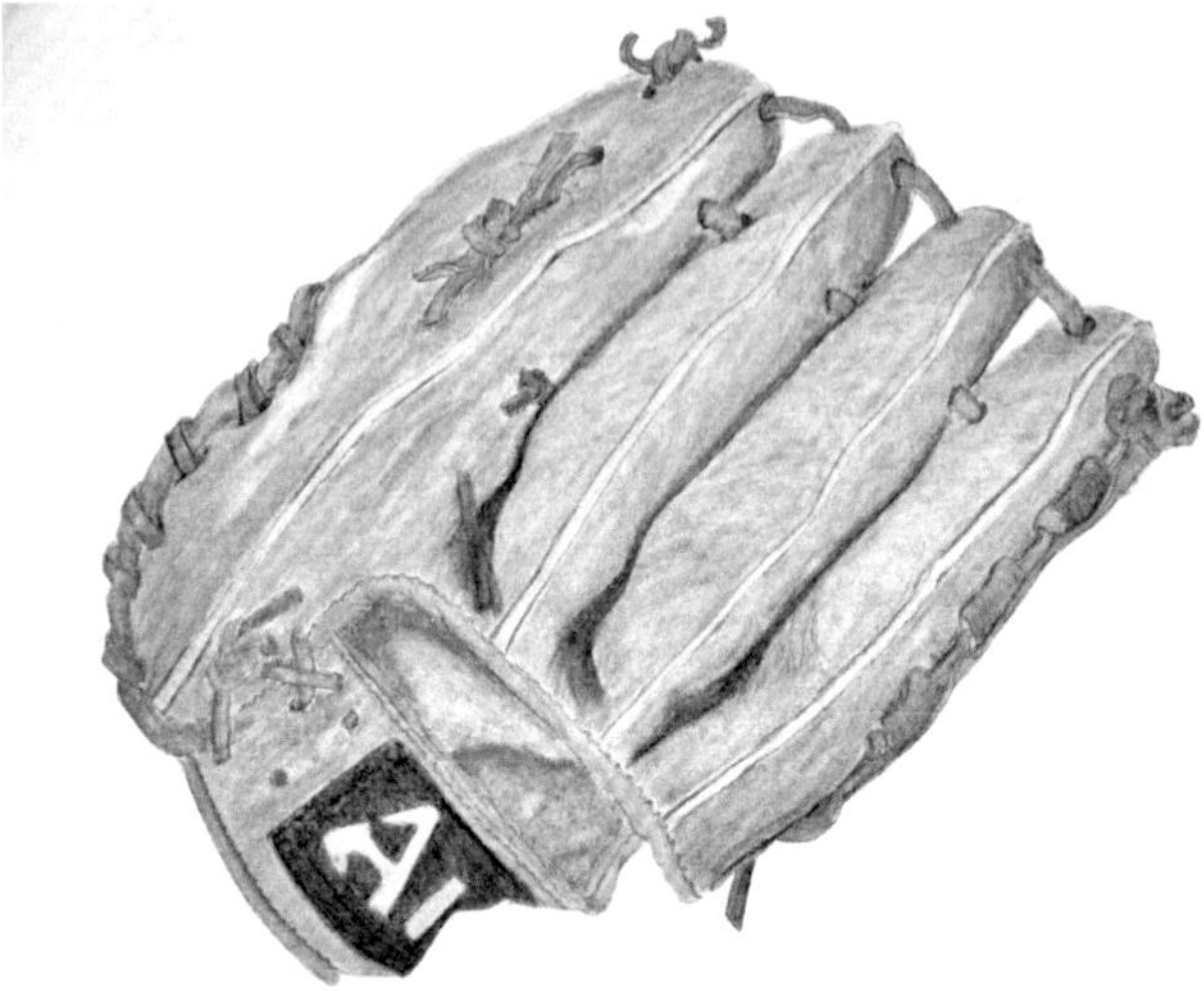

輝いて見えるときは、水の使いすぎである。）

・水入れの中には、いつもきれいな水を用意する。

美紀

九月二十九日　結び目を一つ描いたが、そこに時間をとられた。難しい。

九月三十日　さいごに遊んでしまった。

十月一日　結び目、糸が強すぎて、描きなおした。

十月三日　先生に、「ぜんぜんだめ」と言われた。

十月四日　ひものついているとこ

十月七日
ろ、結び目の位置がちがっていた。

十月八日
色をぬった。水のつけすぎのところがあって、でこぼこ。

十月十七日
かげをかいた。とても難しい。

十月二十日
光で、水がひからないようなぬり方が、なかなか出来ない。
赤をぬったが、真っ赤になってしまったところがあった。かげなどが難しい。

十月二十二日
まだ、五点。まだまだだと思った。

十月二十八日
他の人の絵を見ていると、私のは、まだまだ薄いな、と思った。

十月二十九日
水のつけすぎがよくある。かげのところがほかのところに比べてものすごく濃い。

十一月四日
先生に、たった三センチぐらいのところをやれ、と言われた。そんな小さなところでも一生懸命やらなきゃと思った。

十一月五日
三人出来た。その人たちと比べるとまだ色がだいぶ薄い。

十一月十二日
もうすぐ完成だ。だけど、私は、ひもなどと、まわりの色との区別がつけばいいのにと思っています。

十一月十四日
ひもに、厚み、丸みがない。そこを直した。

十一月二十五日　ひものところをやろうとした。（周りと色をかえる）あまり出来なかった。

十一月二十六日　あと、一番光っているところ、二カ所。水ではぐので終わる。でも、一番光っているのをさがすのがたいへんです。

十一月二十八日　今日やっと完成。とても難しかったと思います。ときどき、もういやだなと思うときもありました。でも一生懸命やってよかったと思いました。

佳子

九月二十九日　はじめてグローブを描いたので、はじめの方はうまく描けなかった。なかなか難しいと思った。

九月三十日　今日は二日目。だいぶなれたけどしわなどがとても難しい。

十月三日　色をもうつけている人が四、五人いた。明日ひょっとして水彩になるかもしれないので一生懸命やった。

十月四日　今日、鉛筆が最後になった。こんどから絵の具で描くのでどきどきします。

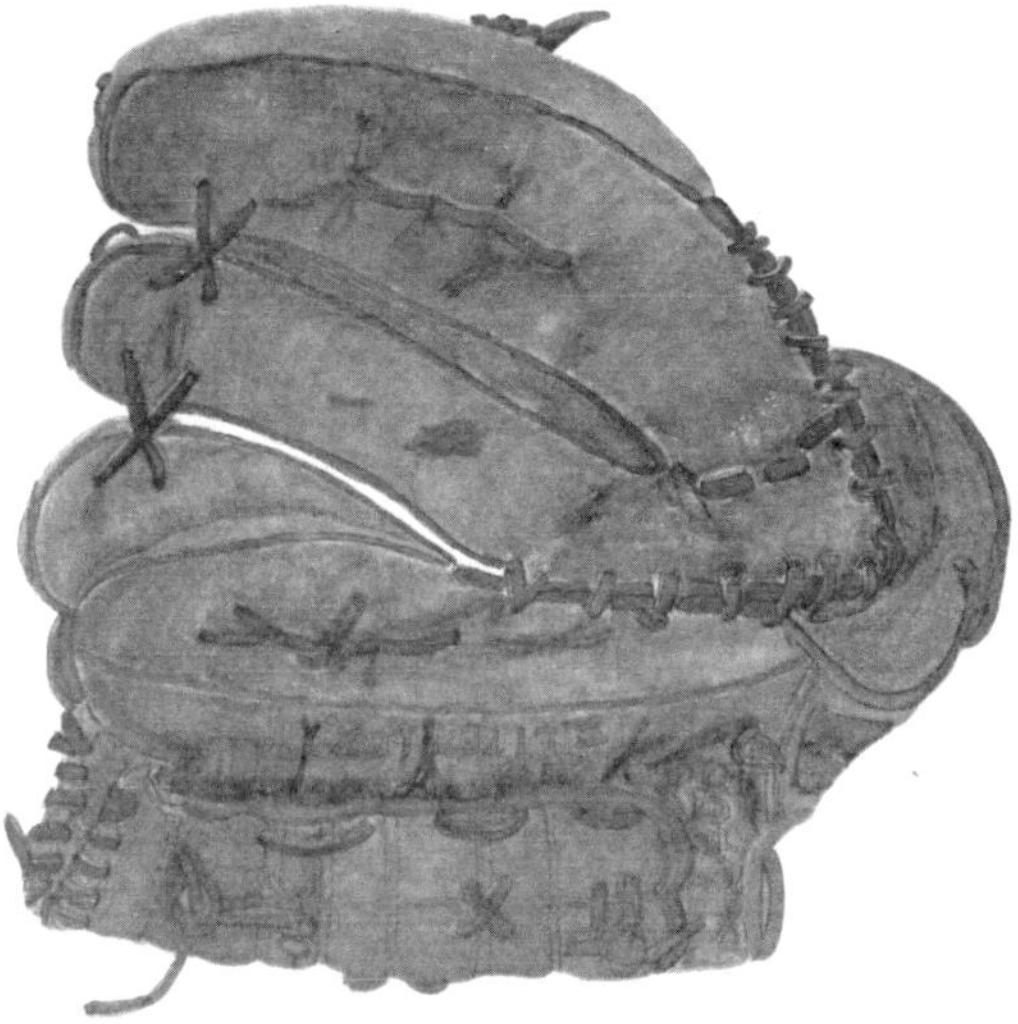

十月七日

黄色をぬっているとき、吉永くんが、ベタベタだと注意されていたので気をつけていた。

十月八日

色の濃いところと薄いところに気をつけていたが、同じになってしまった。

十月十七日

今日は、二色ぬった。黄土色と朱色をぬった。変な感じがした。

十月二十日

今度から影をつけようと思った。どきどきする。

十月二十一日

影を黄緑と藍色でつけた。うまくあんまり描けなかった。

十月二十二日　黄土色と朱色ばっかりぬっていた。少しは濃くなったと思う。

十月二十八日　影が真っ黒に、似ている色になってしまった。

十月二十九日　赤を少し濃くぬりすぎた。そして何回も黄土色で赤を薄くしようとしてぬった。

十一月四日　上の方の色が少し薄かったので濃くしようと思ったのに、薄くなってしまった。

十一月五日　出来あがった人が三人いた。その人の作品を見ると厚みが出ていた。

十一月十二日　隣のよしなが君がもうすぐ出来上がるので、見ていたら、水で、光っているところをはがしていた。完成に近づいたら、こういうふうになると思った。

十一月十四日　完成の人がとても多くなった。もうすぐ完成だ。あとで感想を書くのがえらいなと思った。

十一月二十五日　上の方が薄かった。厚みがでていないと先生に言われたので濃くした。濃くするのも極端にするとよけい変な風になるので濃くするのも難しい。

十一月二十六日　今日は、上の方のひもをはっきりさせて全体に濃くするつもりだったけどうまくいかなかった。

十一月二十八日　緑色が目立ちすぎると言われて直した。目立たないようにするにも、とても難しい。

十二月三日　ひものところを今日は、はっきり描いた。完成まで、もう少しなのに鐘（チャイム）が鳴ってしまいました。

十二月十二日　完成した。

和代

九月二十九日　今日、グローブを描いた。自分のではないので、思い出はないけれど、これから作っていくつもりです。形がおかしくなってしまった。ひものところはいいと思う。

九月三十日　今日、直すところがあまり気に入らなかった。でもあとから先生が教えてくれた。今のままでは五百円のグローブになってしまう。十万円ぐらいのグローブにしたい。

十月一日　先生は、「しわと、指のところの線を直しなさい」と言われました。

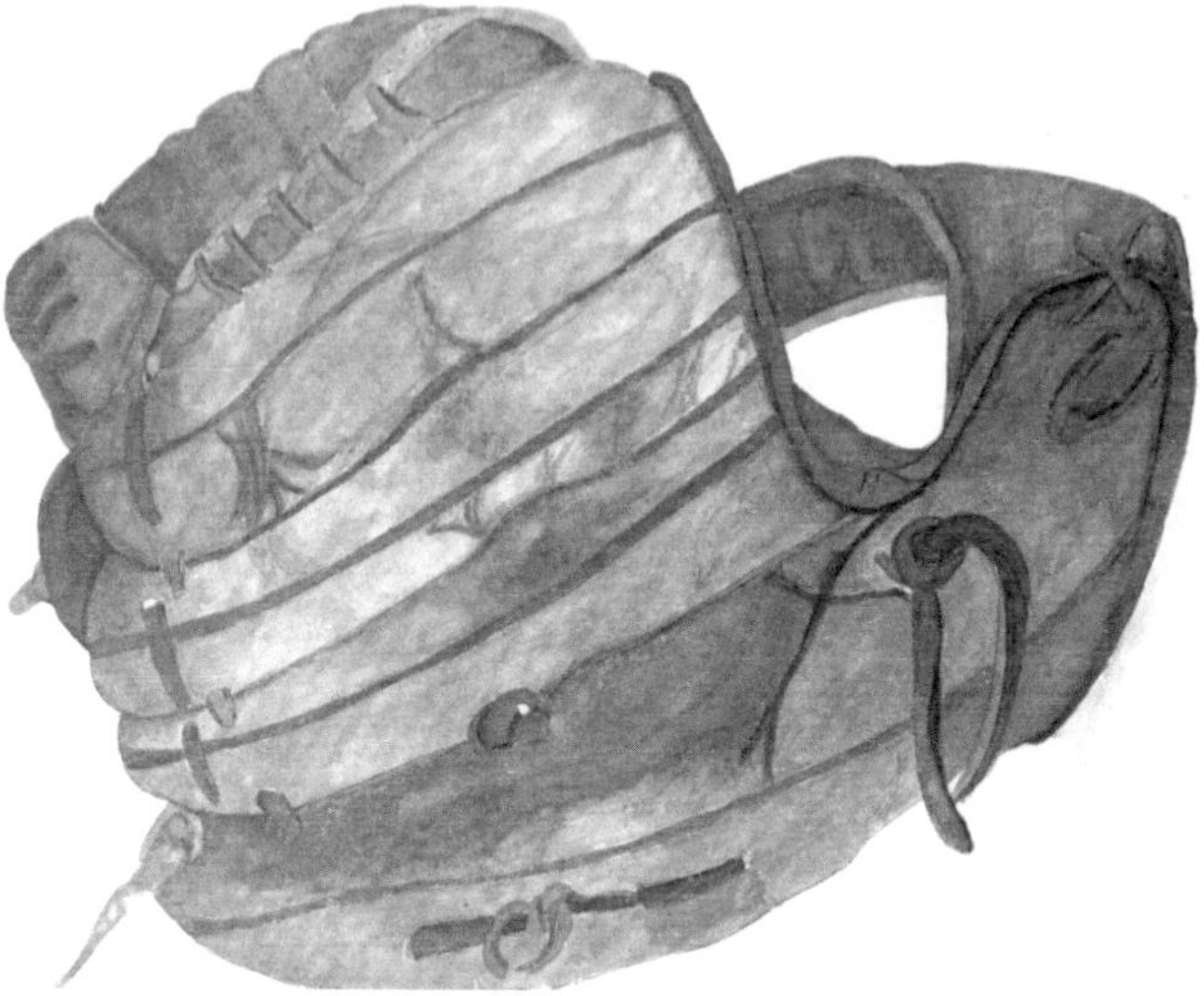

感想は、指のところがうまく描けなかった。

十月二日

今日、絵に水彩を使って描いた。黄色は大体ぬった。

十月三日

初めの色は朱色を薄くぬった。濃くなったり、薄くなったりするので、気をつけたい。

十月七日

次の色は黄土色。少し難しい。朱色がおかしくなってしまった。

十月八日

今日はまだ、黄土色を少ししかぬっていない。渡辺さんのがうまいと思う。

十月十七日　今日は、いろいろな人の絵を見た。加納さんがうまい。石原君の色の出し方がいい。

十月二十日　今日は、茶色をぬった。少しおかしくなったところがある。今度は、小指に茶色を入れたいです。

十月二十一日　今日は、かげを中心としてぬりました。藍色と黄緑です。

十月二十二日　今日、色の濃いところをぬろうとしたけど、濃い青になり少しおかしくなった。次は、茶色をぬりたい。

十月二十八日　今日、とても濃くなってしまったところがある。今度は、その周りを濃くしたい。

十月二十九日　今日、かげのところを中心にぬりました。青や黄緑を入れたので、真っ黒になってしまった。茶色を濃くぬり黄土色を上からぬろうとしたけど、時間がなかった。今度は、黄土色をぬるけど、薄くなるか心配です。

十一月四日　今日は、かげを主にぬったのですが、かげの色があまりうまくいかない。

十一月五日　今日、完成した子が、三人いた。かげのところや、色のところを見習いたい。

十一月十二日

今日は、あまり直すところが、目に入らなくて、他の人のを見た。かげのところが、あまりよくならない。

十一月十四日

今日は、完成した子が、たくさんいて、その中から、かげのところをもらい、のばしていった。

十一月二十五日

今日、かげや厚みなどを直そうと思って描いたが、かげのところしかよくならなかった。

十一月二十六日

今日は、ひもや親指のところを直した。ひもに厚みがでてきた。

十一月二十八日

今日、指、それにひも、その他にもいろいろぬりました。でも今度やるときは、どこをぬったらいいか分からないくらいです。

十二月三日

今日、やっと完成しました。完成したのでうれしかった。

由貴

九月二十九日

私は学校のグローブを描きました。今日はまだふくらみなどが描けなかった。

九月三十日

今日、しわなど描いたけど、しわらしいしわは、上手に描けなかった。

十月一日　ひもの変に曲がったところ、見にくいところを直した。

十月三日　今日、絵の具に入った。線の通りに沿って、色ぬりをした。

十月四日　黄色でしわに沿ってぬった。はじめ、細かいところからぬりました。

十月八日　今日、授業が終わるとき、四人の絵が発表された。厚みがあった。私のとは、色のぬり方が、少し違う。

十月十七日　茶色をぬったけど、前とあまり変わらなかった。

十月二十日

黄土色をぬっていたら、先生が「もうちょっと濃くぬって」と言ったので、少し濃くしてぬりました。

十月二十一日

茶色をぬったが、あまり変わらなかった。

十月二十二日

途中、水を使いすぎて、にじんだときがあった。先生に注意されて、乾くまで待った。「乾くまで、待て」と言われた。

十月二十六日

赤色を薄くぬった。水をこぼしたときも、みんながふいてくれた。うれしい。

十月二十八日

部分部分に色をぬった。あまり濃すぎないように気をつけたのはよかったが、少しベタベタになってしまった。

十一月四日

あまり色が濃すぎてもいけないので、薄めに黄土色をぬった。全体のバランスをとるのが難しい。

十一月五日

色を濃くした。朱色や茶色、黄土色をよく使った。薄く色をぬったところもある。

十一月十二日

色の濃さを少し濃く変えようとした。でも、思った通りに出来なくて困った。

十一月十四日　思い切って、青や赤、緑をぬってみた。緑色が濃すぎて変になってしまったところもあった。

十一月二十五日　指のところのふくらみを出そうと思ったら、一カ所濃くなってしまって、どうしようかと困った。

十一月二十六日　ひもをはっきりさせようと思いました。青色をぬったら変になってしまった。次に赤もぬったら、紫色になってしまったので、上から黄土色をぬりました。

十一月二十八日　ひもをはっきりさせた。薄いところを濃くし、あまり濃いところもないようにした。

十二月三日　今日で、やっと一枚の絵が完成しました。とてもうれしいことです。最初、鉛筆で書いたとき、いつ完成するか心配でした。このグローブは、学校で借りたもので、自分のじゃないけれど、一生懸命描きました。

康子

九月二十九日　初めてこんな絵を描いた。前にも、いろんな絵を描いたことが何度もあった中で、とっても難しかった。

九月三十日　今日は、何回も同じところを直された。そこは、グローブの一番端っこのところだった。私はいやになってしまったけど、一生懸命やった。

十月一日　だいぶ描けてきました。今日もグローブの端っこのほうをやっていると、「こんなに高さが大きいか」と先生から注意されました。

十月三日　まだまだだめだ。

十月四日　まだまだ、のっぺらぼうみたいに見える。

十月七日　やっと色をぬれた。

十月八日　今日は、茶色もぬれた。

十月十七日　大変つかれた。

十月二十日　だいぶ色がよくなった。

十月二十一日　だんだんよくなる。

十月二十二日　今日は、いいよ。

十月二十八日　今日は、いい色がでた。

十月二十九日　私には上手に描けたなと思うが、先生は、「まだ、まだ」と、きっと言うと思う。

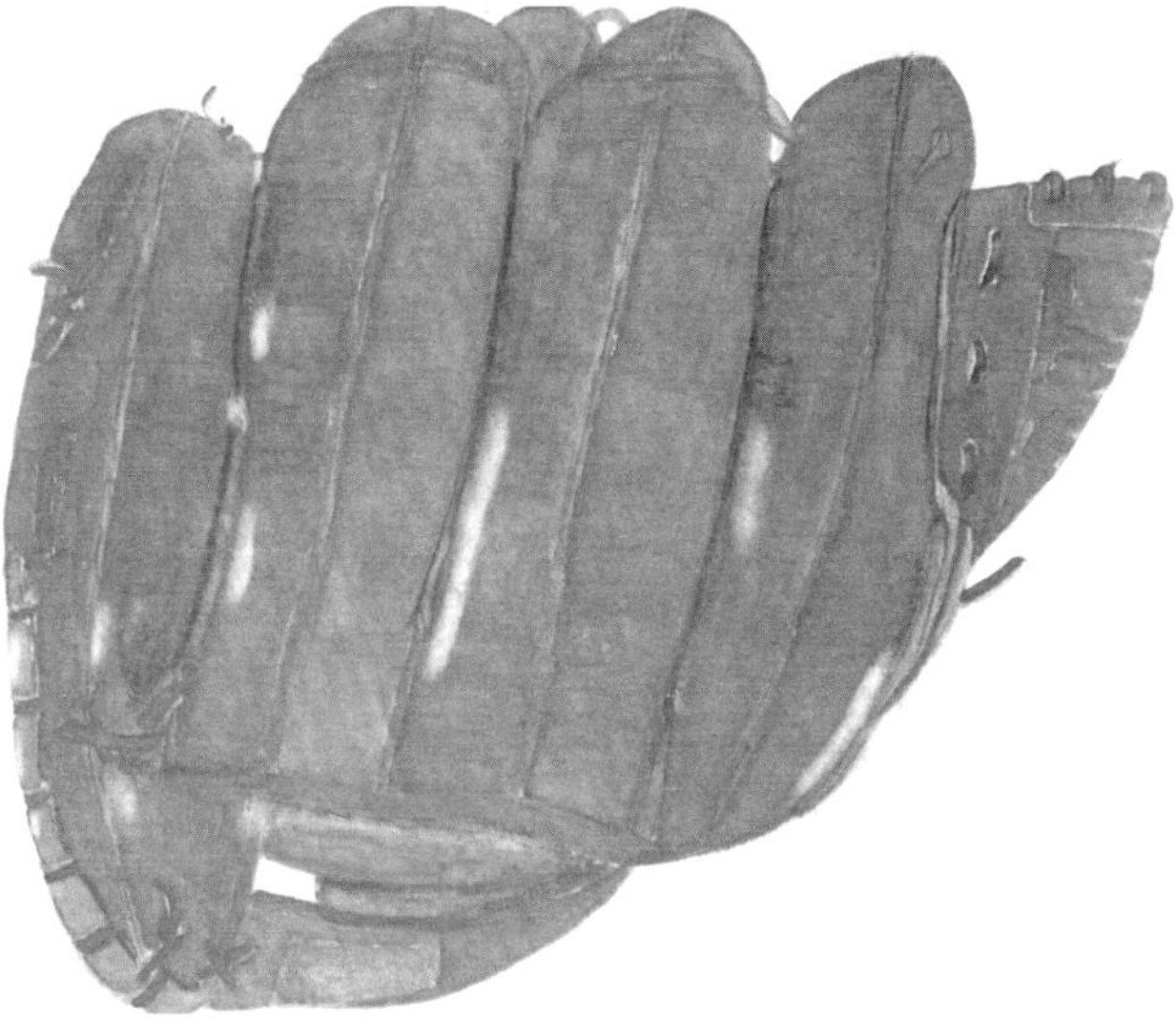

十一月四日

今日の絵の時間は、少し気が抜けてしまって、おしゃべりばかりしていました。

十一月五日

今日は、きのうとちがって、一生懸命、色を出そうとしたが、なかなか出せなかった。

十一月八日

(筆の方向や色の強さなど、実によく心が配れるようになりました。じっと見ていると、やすこさんの気持ちが、ずっと向上したことが分かります。植村さんのかげのつけ方などか

らも学んでください）

十一月十二日　今日、先生が書いてくれた通り、植村さんの絵を見て、学ぼうと思っていても、なかなか学べなかった。

十一月十四日　今日、先生が言った通り、かげのところを直していたら、変なふうになってしまった。

十一月二十五日　今日は、厚みを出そうとしたんだけど、なかなか出来なかった。今度は、厚みを出そう。

十一月二十六日　今日は、ぜんぜん色をぬれなかった。

十一月二十八日　今日は、ちょっと失敗してしまった。

十二月三日　今日、やっと完成しました。一生懸命やってよかった。

透

九月二十九日　グローブのミシンのぬい目が、うまく出来なかった。

九月三十日　手をはめるところが、直線になってしまった。

十月一日　先生に、指のところが弱かったから、描き直しをされたと思った。

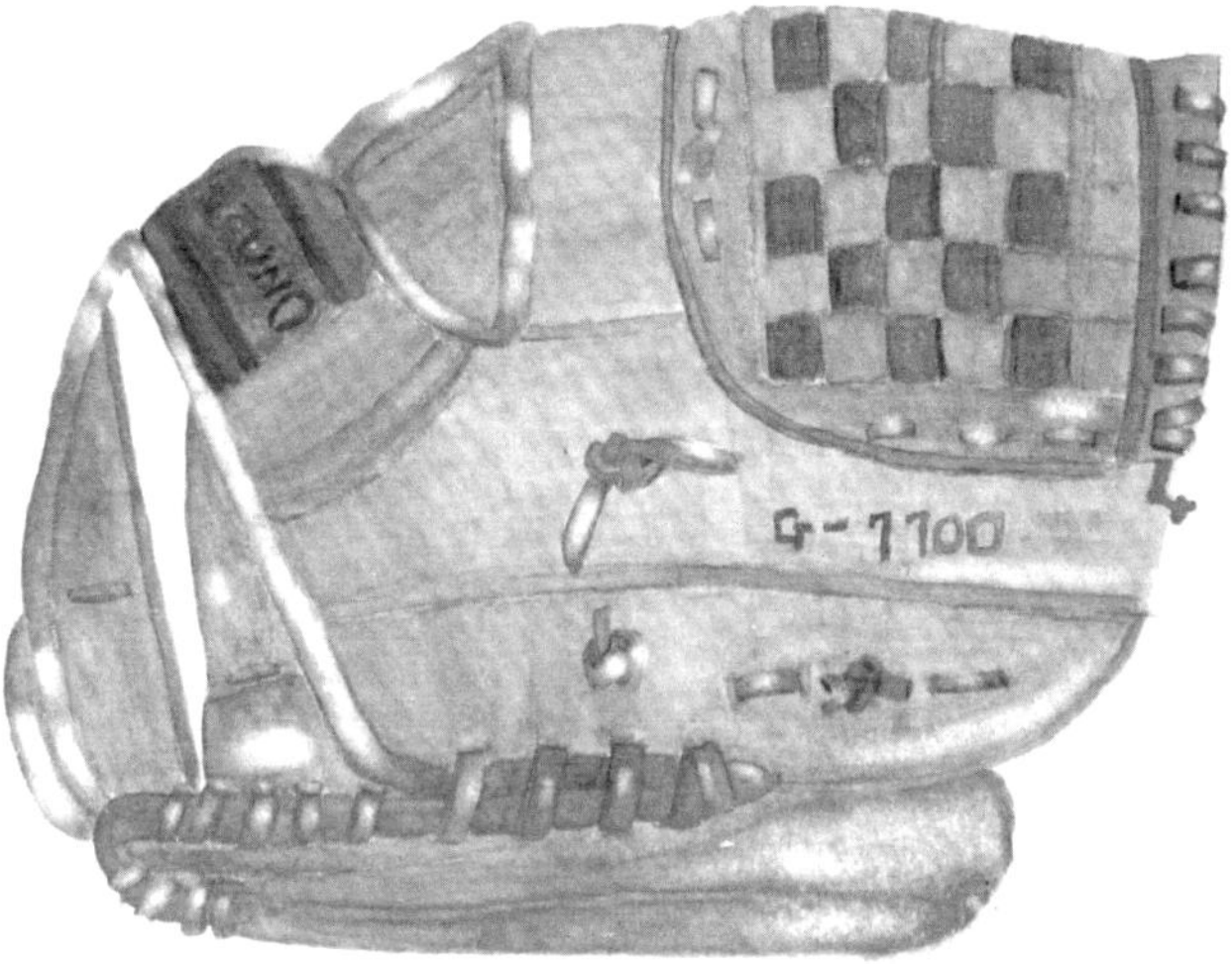

十月二日

ひもが強くなかったので、なんべんか直しても、まだうまく出来ない。

十月三日

手を入れるところのしわが出来なくて、めちゃくちゃになってしまう。

十月七日

黄色になって、色が濃くなったり、薄くなったりしていた。

十月八日

黄色の濃いところは、他の色をぬってもいい色にならない。

十月二十日

今日は、親指の丸みのところが、くちゃくちゃになった。

十月二十二日

今日は、朱色が濃すぎて

変になった。

十月二十八日　今日は、二色の色をぬったので、うまく出来た。

十月二十九日　今日は、結んであるところと、かげが薄すぎてしまった。

十一月五日　かげのところを濃くしたら、かげらしくなった。

十一月十二日　光の当たっているところを水ではいで、白くしようとしたら、ぼろぼろになった。

十一月十四日　手を入れるところが黒くなってしまった。

十一月二十五日　今日は、マークをきちんと描こうと思ったけれど、うまく出来なかった。

十一月二十六日　ひもを濃くしたら、ひもらしくなった。

十一月二十八日　白くなっているところを、はいだら、ぼろぼろになりそうだった。

十二月三日　今日、色を濃くして色をぬったら、変になった。

十二月十六日　はいだけれど、ぼろぼろになりそうになった。

十二月十七日　はいでやったら、汚れているところが、よくわかるようになった。

広海

九月二十九日　結びのところがごしゃごしゃしてしまった。一本のつながった線もなぜか切れているようになり、なかなかうまくいかない。
九月三十日　細い糸のところが曲がっていて描きにくかった。
十月一日　今日は、しわのほうを描いた。いろいろと交わり、ごしゃごしゃとしているが、大切なものだと思う。
十月二日　今日は、黒い汚れ、しわなどをかいた。とても細かい小さな点のようないっぱいあって描きにくかったところもあった。
十月三日　今日、はじめ描くところが無いように思えた。けど、あとでいっぱい細かいところが見つかった。
十月七日　今日は、黄色をぬった。とても薄く薄くぬった。でも急に濃くなっているところがあった。
十月八日　今日は、朱色をぬった。まだ細かいところは、ぬっていない。
十月十七日　今日は、汚れているところをぬった。でも、なかなか色が出なかった。
十月二十日　今日は、黄土色をぬった。濃いところなどが、ぜんぜん変化がない。
十月二十一日　今日は、かげをぬった。なかなかうまくぬれない。

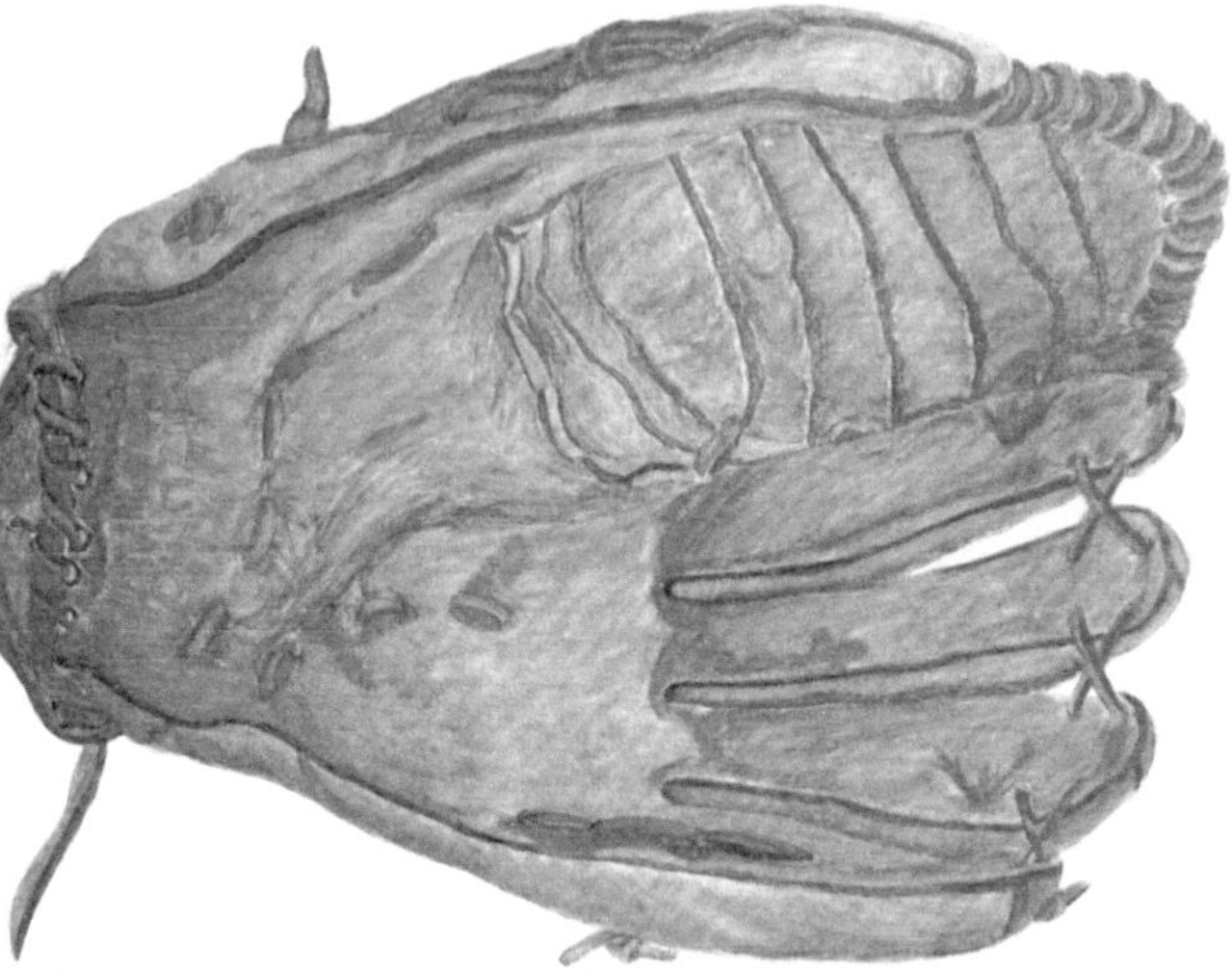

十月二十二日

今日は、また、かげをぬった。

十月二十三日

今日は、かげの上から茶色をぬった。でも、今度は少し濃いようになってしまったので、黄緑がよく分からない。

十月二十八日

今日は、次の茶色をぬった。かげのところがとても薄い。

十一月四日

今日は、茶色をぬった。でも薄いので変化がなく分からない。

十一月五日

今日、青でかげをぬった。薄いところがある。

十一月十二日

今日は、青色でかげを

ぬった。でも、とても濃くなってしまいました。

十一月十三日　今日は、緑色をぬった。でも濃くなってしまった。

十一月二十五日　今日は、細い糸のところをぬった。でも、濃くなってしまいました。

十一月二十六日　今日は、ひもをぬった。でも、とても目立ってしまいました。だから、周りの部分も、また変えなければいけない。

十一月二十八日　今日は、また、ひもをぬった。紺色などをぬったんだけど、とても濃くなった。

十二月三日　今日は、思い切って藍色をぬった。慎重に薄く薄く、ときたま急に目立って濃いところがある。

十二月十二日　今日は、かげを直した。目立って見えるので、上から黄土色や茶色を少しずつぬっていった。

十二月十六日　今日は、ひものところを分かりやすくしようとしてぬったが、ぜんぜん変わりは無く、まだ見にくい。

十二月十七日　完成。今日は、昨日のところを分かりやすいように、ひものところを直した。私は、紺色を入れた。でも、色が濃いとすぐ目立ってしまう。これまで何度か目立ってしまい、言われたことがありました。でも、今日は、薄く薄くと思いぬり、それでやっと完成しました。

典代

九月二十九日　結び目のところが、難しくて、うまく描けなかった。
十月一日　つり合いがうまくとれなかった。
十月二日　だいぶ進んだ。
十月四日　わりとうまく出来た。
十月七日　かすれたところが多い。
十月八日　ぼやけてしまったところがあった。
十月十七日　混ぜた色がつり合わない色になってしまったところがあった。
十月二十日　緑を入れたら、入れ方が悪いところがある。
十月二十一日　色が合わなかった。
十月二十二日　すみの方がごちゃごちゃしていた。
十月二十八日　数字の色がわからなかった。
十月二十九日　小指のところの色が、変な色になってしまった。
十一月四日　かげが、うまくいかない。

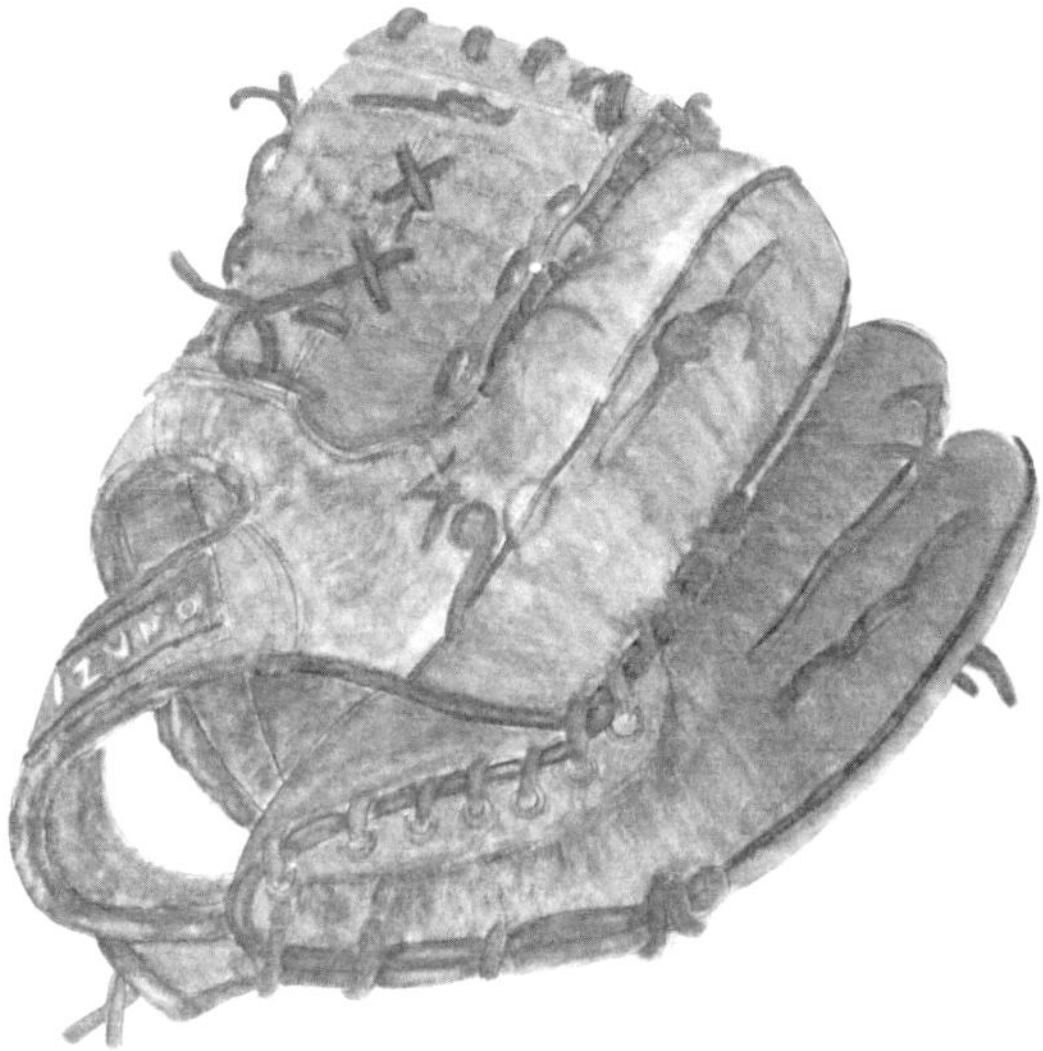

十一月五日　指のところが、黒くなってきてしまった。

十一月十二日　かげが、もう少し薄くならないかなと思う。

十一月十四日　ひもに青色を入れたら、こげ茶色に近くなり、いい色になった。

十一月二十五日　光のところを入れようと思いました。けれども、太くなったり、紙がぼろぼろになりそうになったりして、出来ませんでした。

十一月二十六日　ひもの色が、違うようになったりしました。つぶれたところもあっ

十一月二十八日　たので、かげを入れてみました。
今日は、白っぽいところや、光を入れました。うまく出来ないところもありました。
十二月十二日　数字のところの、0と1のところを、少しぼかそうとして、紙がくっしゃけてしまいました。（光を入れたときと、同じになってしまいました。）

百香

九月二十九日　このグローブには、ひもが何本もあって、やりにくかった。
九月三十日　今日は、まわりをきちんとやって、しわを描きました。とてもしわは難しかった。
十月一日　先生が、描き直しなさいと言いました。絵が小さかったからだと思います。描き直しをして描いたのは、大きいと思う。
十月三日　今日は、もう少しで、鉛筆画が出来あがるところだったのに、時間がきてしまった。
十月四日　今日は、初めて、先生に見せに行ったら、しわがいいかげんだったの

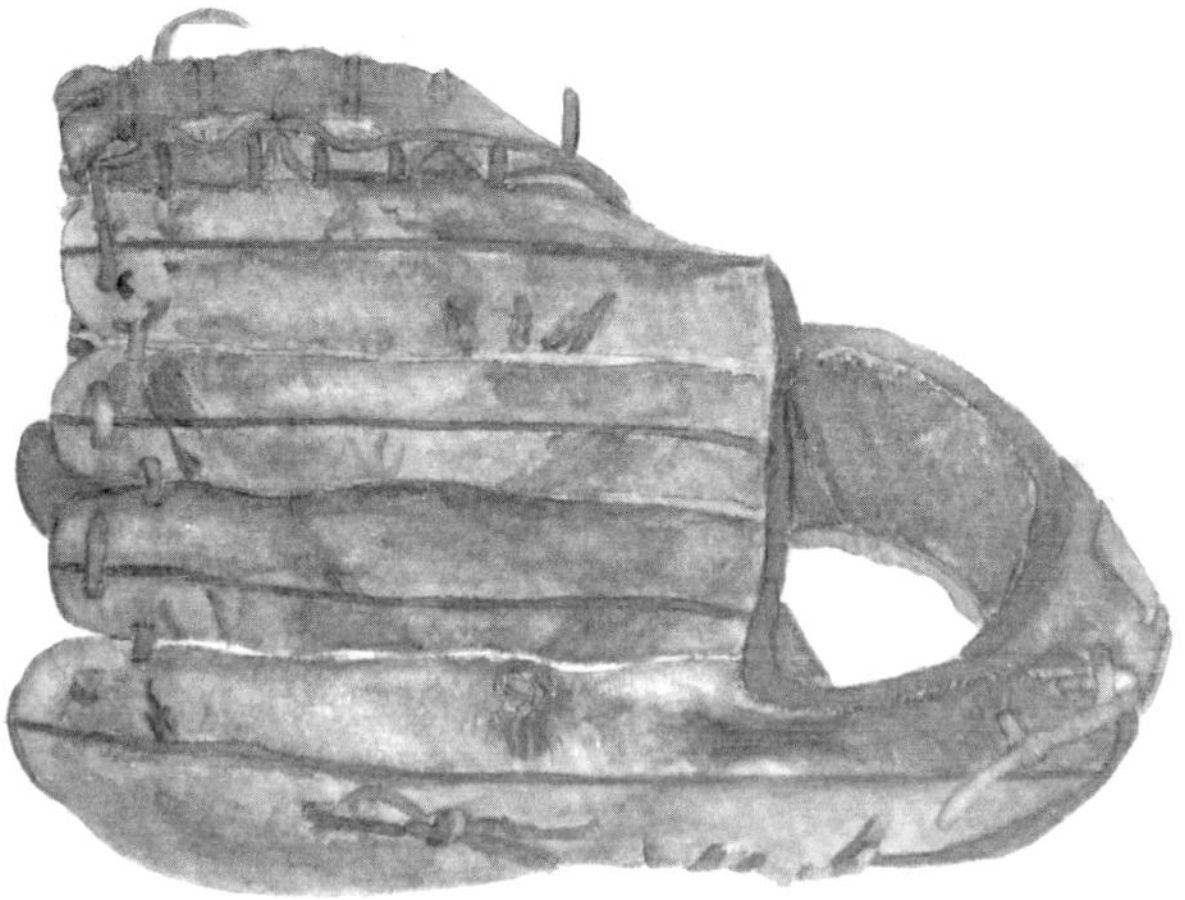

で、描き直しになってしまった。

十月七日

今日は、絵の具にはいれた。絵の具はとてもつかれる。

十月八日

今日は、黄色が終わって、黄土色に入りました。私としては、なんか、濃いようです。

十月十七日

今日は、黄土色から朱色に移りました。朱色はぬるのがとても難しい。

十月二十日

今日は、グローブのひもの線のところをぬりました。朱色と茶色をぬりました。

十月二十一日　今日は、はじめてこげ茶色をぬりました。だいたいの茶色をぬるところに、少しこげ茶を入れました。

十月二十二日　今日は、色を濃くしました。下から二本目の薬指の丸みを出そうと色をぬりました。

十月二十八日　今日は、しわのところを、だいたい線で表そうとしたら出来なかった。

十月二十九日　今日は、指の部分をぬりました。濃いところや薄いところもあって、ぬりにくかった。

十一月四日　今日は、茶色などと反対の色、藍色でかげを少しぬりました。そしたら、色が濃すぎて、変な色になった。

十一月五日　今日は、ちょっと、はげさせるようにやりました。私のグローブは赤すぎる。

十一月十二日　今日は、少しずつ黄緑をぬりました。私は、手首の部分をぬるのがとても難しい。

十一月十三日　今日は、しわのところを濃くしました。あまり濃すぎて、先生に、薄くするように言われました。

十一月二十五日　今日は、先生にしわの部分を直そうと言われました。

十一月二十六日　今日は、グローブの絵が完成しました。しわや、はげてるところや、ひもの部分の色が濃いところと薄いところが、とても難しく、自分の姿が、薄く見えました。

NYLONSTITCHED

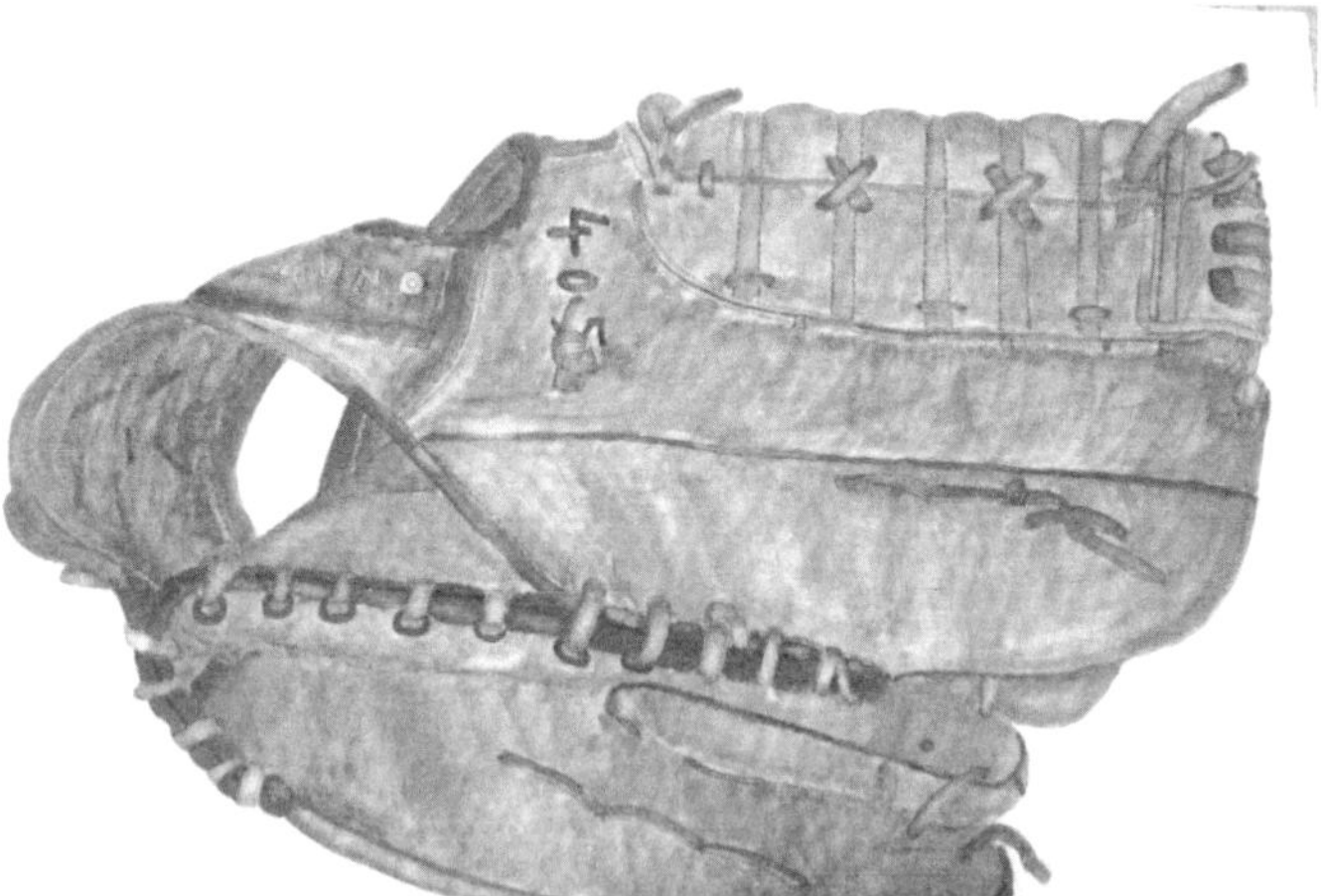

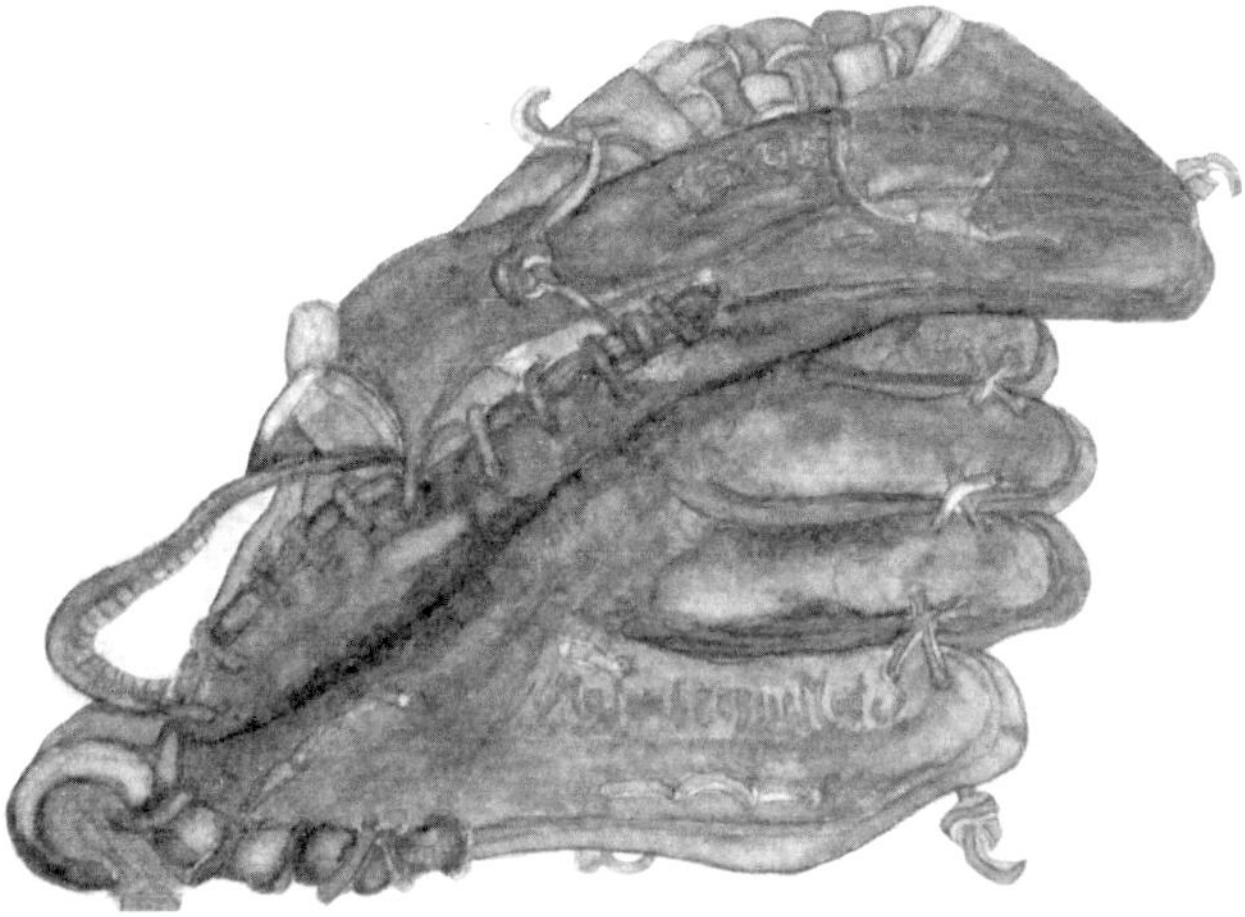

147　　四年生　絵画「グローブ」

地域活動「子どもが輝く授業を」（平成二十二年度）

二〇二〇（平成二十二年）二月二十一日（日）聖教新聞
記者による口述筆記

1　自身の成長が児童の可能性を開く　1センチのなかに子どもがいる

六年生のクラスを担当。ある日の時間。皆が野球のグローブを見ながら、鉛筆を動かしている。

幸野さんは、絵の苦手な子の様子を見つめていた。その児童がある程度、描いたのを見て、クラスの皆に呼びかけた。

「みんな、見てごらん。すごくきれいな線を引いているよ」

その子の周りに集まった児童は、口々に語る。

「うわーっ、すごい」

「ボールをつかむ部分がめっちゃうまいね」

あちこちで感嘆の声が上がる。席に戻った子どもたちは、再び、懸命に鉛筆を動かす。

褒められた子も耳を真っ赤にしながら、さらに画用紙に描いていく。

「実は、最初は皆、きれいな線を引くんです」しかし、次第に集中力が落ち、絵を描くのに飽きる子も出てくる。

「でも、みんなに認められると、自信をもって描くようになり、集中力が持続するんです。クラスのみんなで一人ひとりの個性を引き出す、そのきっかけを与えるのが教師の役目の一つだと思います」

心がけていることがある。

「線を引いた1センチのなかに子どもがいる」

この言葉は、斎藤喜博先生から、直接教えていただいたものだ。一枚一枚のグローブの画用紙をめくりながら、普通なら下手と言われるような作品に目をとめ、「ここに子どもがいますね」と。はじめは、よく分からなかったが数枚指摘をしていただくなかで、子どもが描いた線の違いが分かってきた。

もちろん、これは絵だけに限ったことではない。子どもの動作すべてにわたる。

「自分の生命力が豊かでないと、一瞬に込められた子どもたちの大切な可能性を見逃してしまうんです。後から気付いても遅い」だからこそ、日々の勤行・唱題に全魂を込める。

2　娘の病気を乗り越えて

勤行・唱題にまじめにとりくむ転機となったのは、教師になって八年後の一九八四年（昭和五十九年）。

二歳になった長女・真有が川崎病との診断を受けたことでした。

高熱が続き、目は充血。手や足の先も真っ赤に腫れていた。

「予断を許さない状況です」医師の言葉に胸が詰まった。

毎晩、懸命に唱題した。

このとき、小学校の教師である妻・倫江さんと、父・清隆さんが入会。地区の同志の祈りにも包まれ、「三ヶ月後、娘が退院出来たときは、感謝の思いでいっぱいになりました」

当時、中学校の体育教師を務めていて、問題行動の生徒の指導にかかわることも多かった。

「今までは、生徒に自分の考えを押しつけているようなところがあったかもしれません」

しかし、娘の病気を通して、「悩み苦しんだ分、自身の心の幅が広がったのか、生徒の思いが分かるようになったんです」

中学生と言えば反抗期を迎える時期。しかし、それは人間として認められたいという心の表れ。「つまり、反抗期ではなく、つまり、自立期なんだと思えるようになったんです」

以来、生徒に対して一歩、深く接することが出来るようになった。

自分が成長すれば、より生徒の心が見えるようになる。それは、池田名誉会長の〝子どもにとって教師こそ最大の教育環境である〟との指導の実感であった。

3　人の三倍の仕事をしよう

忘れられない授業がある。それは、ある学校での公開授業に参加したときのことだった。

子どもたちが目を輝かせて国語の授業に取り組んでいた。

「子どもたちの肌は鮮やかな桜色。教室は、まるでさわやかな香りがする雰囲気だったのです」

自身の授業は、と振り返ったとき、「申し訳なさでいっぱいになりました」

〝子どもたちが生き生きとした授業を自分もしてみたい！〟

毎週、休日には、図書館で十冊ほどの本を借りた。すべて教育に関する書籍だ。

また、月に数回、自分の授業をビデオで撮影するように。そのビデオを家族に見せて、意見を求めたり、より良い授業への工夫が出来ないか研さんを続けてきた。

「人の三倍の仕事をしようと決意しました。でも授業時間は増やせないので、授業の質をたかめるしかありません」

美術の専任教師ではない。

「しかし、何より大切なのは、その子どもの心を分かりたいという気持ちなんですね」

子どもたちのやる気を引き出す努力を続けてきたからであろう。

4　五年連続、教育美術展で表彰　優秀教員として大臣表彰も

片原一色小学校に赴任してから、大鹿先生の発案と他の教師の協力もあり、学校として五年続けて全国教育美術展で教育委員会賞や教育美術奨励賞を受賞した。

その活躍などが評価され、今回の文部科学大臣優秀教員表彰につながった。

「教育って、子どもに教えるとか、手助けするとかいう、そんな生やさしいものではありません。子どもの中にある無限の可能性をつかみ取り、引っ張り出す激しい作業なんです。だからこそ、自身の人間革命が不可欠。これからも〝青年の心意気〟で、一層の人間教育の道を歩む決意です」

認知発達と言語の獲得について（昭和六十三年度）

はじめに
子どもは大好きです。
生き生きして
すばらしいからです。
新鮮です。
感嘆すべきだからです。
私たちの方法は、
何よりも
過程が分かってくるまで
子どもと話そうと
努めることです。

子どもを
理解しなくてはなりません。
尊敬することが必要です。

ジャン・ピアジェ「ピアジェ晩年に語る」より

私は祖父江中学校において、二年間の特殊教育の経験しかなく、また専門教科は体育であり、心理学や発達についてあまり深い関心を持っていませんでした。登校拒否、ダウン症、かん黙児、精薄児等の指導をしましたが、彼らの発達に戸惑いをもつばかりでした。しかし、受け持った子どもたちをなんとしてでも良くしたいという思いはいつも胸にありましたが、自分ではどうすることもできないのも現実でした。

こんな状態で当惑していたとき、愛知教育大学の特殊教育特別専攻科に内地留学をする機会を与えられたのです。

そして、子どもの発達段階を知ることは障害児教育においてとても大切であり、また、子どもの認知的発達を理解するにはピアジェの理論をぜひ学ぶべきだとの先輩の助言もあり、この一年でとにかくピアジェを読み切っていこうと考えました。

この研究の目的は、「息子・哲也の成長日記を通して、ピアジェの理論を具体的に理解すること」というものです。

さて、実際の観察記録である日記は、この当時から十一年も前のものですし、かなり親のひいき目でとらえている部分もあります。また、研究を目的とした記録ではないため、ピアジェの理論を追試するに必要な項目がそろっているわけではありません。育児に疲れている妻を無理矢理ノートに向かわせたことも何度かありました。新婚時代のよき思い出である生後二年間のこの日記を、この機会にきちんとした記録に整理し、ピアジェの理論の確認も具体的にできるであろうという思いで研究を進めました。

哲也は、(この当時、平成元年二月)小学五年生です。

第一章　ピアジェ理論の外観

第一節　核となる概念

ピアジェの理論は、発達理論の一種であり、いかにして認知が乳児期から青年期の後の段階まで進化するかを調べることが主たる関心事である。

また、個人の発達を扱うという意味で「発生的心理学」とか「発生的認識論」などと呼ばれている。

さて、ピアジェ理論およびこれと関連して行われた研究を解釈するのに大切な諸概念は次のものである。

1、生物学的・経験的諸要因
2、同化と調節
3、構成主義
4、発達に影響を及ぼす諸要因
　成熟
　経験
　行為
　均衡化
5、構造の概念
6、操作の概念

1、生物学的・経験的諸要因

ピアジェの理論は、認知発達が世界に対する適応の一形態と考える点で、生物学的・経験主義的であり、相互作用主義のモデルである。認知の成長は、生命体の生物学的性質に由来し、乳児の反射から始まって、一定の段階を進み、最終的には抽象的で論理的な推理ができるようになるに至る。

2、同化と調節

人間が自分の器官を働かして、自然を自分の中に取り入れる働きを同化と言う。調節は外界が人間に働きかける側面で、人間が自分の潜在的に持っている機能を働かせて自分自身を色々に制御しつつ、外界に適応していくことを言う。この過程により学習された知識は、対象物、事象、その他どんな内容であれ、一貫した体系的「情報」の集合「シェマ」の中に体系化される。

3、構成主義

構成主義は、対象物や人間が測られる指針となる概念を構成する過程を指して言うのである。対象物や人間や出来事との相互作用の中で、個人はそれらについての現実を構成する。

たとえば、ある対象物は心の中で定義される。この心の中での構成は、その対象物に対する後の行為を左右する。

たとえば、「オレンジ」という対象物についての知識は、最終的にオレンジというものが構成され、我々がオレンジについて知るまで、その対象物に対する行為と、その反応を通じて築き上げられる。

4、発達に影響を及ぼす諸要因

成熟とは、個人の生物学的構造の成長を言う。生命体が発達すると脳の機能の分化が増大し、また学習の可能量も増える。

経験とは、感覚と運動の練習、物理的世界との経験、ならびに推理の経験である。

社会的環境の作用では、都市部の子どものほうが精神発達の面で進むが、発達段階の順序は同一である。

均衡化とは、成熟と経験と社会環境がバランスを取るためには必要条件が存在することを意味している。

5、構造の概念

ピアジェの理論を発達的構成主義と呼ぶことができる。それは、「人間の知識は、ごく基本的な遺伝形式のものは別として、主体または客体のどちらかのみの構造の中であらかじめ決定されているものではない。」ことを基本の仮定としている。「知る主体」や学習者が常に能動的に知識をみがき、見方を変えることを主張している。

人は、対象物に働きかけることによって、知識の基礎を築くのである。獲得された知識と構成を行う過程は、一つの組織、ピアジェの用語でいう構造を形成する。構造は、思考に含まれる心の中の行為や変換の関係を述べる為の比喩である。

6、操作の概念

ピアジェの理論体系では、行為は最終的に操作に内在化される。対象物、永遠性のシェマは、対象物が目の前から取り除かれても再び戻せるという知識、すなわち行為の可逆性の概念の一部分である。これが保存の操作にほかならない。ピアジェにとって、操作は論理的思考の単位である。

操作は、ピアジェの考え方の核心をなす。なぜなら、それは「すべての行為にあてはまる調整」の形式を表すものだからである。

ピアジェの学説は、いかにして個人が、世界に適応しながら、生物学的基盤を発展させていくかについて示すためにまとめられたものである。

その強調点は、適応的行動にある。

ピアジェは、世界に対する人間の体系的適応や、生命体と環境の相互作用から生ずる世界の構成を説明するため、構成概念を考え出した。

組織化された行動の基本的単位が最初に明らかになるのは、吸てつ反射や音源の方に頭を向ける傾性のような、反射の構造である。行為や知覚の組織化されたパターンを説明するために、シェマという概念が導入された。

シェマは、反射のパターンだけに限られるものでなく、子どもが世界に対して相互作用的に適応し続けるときに生ずる行動の新たな組織化についても言う。

しかし、反射のシェマは、環境から新しい情報を取り入れることを説明するために、ピアジェが用いた概念である同化と、生命体が世界に接触することによって常に変化することを示す概念である調節を通じて形成されるものである。

シェマとは、行為の組織化である。このような行為が内化されるとき、ピアジェはそれを操作と呼んだ。操作をさらに同類のパターンに組織化したものが心の構造である。

第二節　知的発達の初段階

乳児から大人への知能の発達は、ピアジェによれば、相反する2つの作用の均衡が、低次なものから高次のものへと発展することであり、その過程で、次の4つの段階が区別される。

（1）感覚運動期　（誕生から一歳半ないし二歳まで）
（2）前操作期　（二歳から七歳）
（3）具体的操作期（七歳から十一歳）
（4）形式的操作期（十一歳から十五歳）

もちろん示した年齢は、大体の平均に過ぎないのであって、子どもの環境や背景によってかなり変わるということに留意して欲しい。

(1) 感覚運動期　(誕生から一歳半ないし二歳まで)

第一段階（最初の一ヶ月）

・反射的行動以外はほとんど示さない。

第二段階（一ヶ月から四ヶ月）

・第一次循環反応の始まり。

経験と共に反射的活動が変化し、反射が互いに共同するようになる。

・第三段階（四ヶ月から八ヶ月）

・第二次循環反応の始まり。

・乳児は身体の外の対象物や事象が永続性と安定性を持っているかのように行為をし始める。どの子どもも、意図的ないし目標志向的な活動をし始め、探索に際しても目標が明確になる。

第四段階（八ヶ月から十二ヶ月）

・第二次シェマの協応

・手段・目標関係の開始と共に、故意の動機が観察される。パターン化した行動を反復するだけでなく、対象物を探索する際に、既に学習したことを利用する傾向がある。

第五段階（一歳から一歳半）

・第三次循環反応

・実験作業を開始し、問題解決の新しい方法を模索し、新しい物にはそれだけで興奮するようになる。

第六段階（一歳半から二歳）

・原始的な象徴的表象の能力を示す。試行錯誤によらず、心の中で、象徴を用いて解決を発見する。

(2) 前操作期

乳児は、寝たきりで言葉を持たない生命体から、直立し、言葉を話し、動き回る子どもに成長する。

最初、子どもの欲求や要求は、間接的に伝達されたが、今では言語が用いられる。子どもは、質的にだけでなく感情面でも、他人とは違う自我や個性を明確にし始める。

前操作段階　（二歳から四歳）

・象徴を使って活動する能力を身につける。

・象徴遊びとか、延滞模倣等この時期に始まる。

直感的段階　（四歳から七歳）

・象徴的機能の増進への移行が見られる。

・子どもは、なお自己中心的で、知覚と主観的判断に左右される。

集合によって考える能力、関係を理解する能力、数概念を処理する能力という3つの基本的操作が現れる。

また、客観的類似性に基づいて材料を分類できる。

(3) 具体的操作期

七歳から十一歳までの時期に、推理過程が論理的になり始める。この時期の子どもは、操作によって考えるが、観察可能な物にしばられ、支えを必要とする。しかし、この時期の子どもは、集合や関係や数に基づいて考えることができる。このことが可能であるためには、可塑性と保存性が理解できなければならない。

ピアジェは、論理的操作を、思考の原点に戻る能力(可塑性)、対象物を階層的に分類する能力(分類)、物をある大きさの順に配列する能力(系列化)のような物として説明している。子どもがこのような具体的操作を獲得した結果、概念を扱う能力が増大する。

「保存性」

この時期に可能になる主な達成の一つが保存性の能力である。保存性とは、ある属性（たとえば、数、量、空間等）が見かけの変化にもかかわらず一定である、ということを理解する能力のことである。

「可塑性」

可塑性とは、出発点に戻るために思考をまとめる能力のことを言う。ピアジェにとって可塑性は、各段階の認知構造の統合にとって「不可欠」である。たとえば、数の保存性問題を解決するために、子どもは変化した「列」を、もとの配列に戻せるとすれば、もとの列と数が同じであるということを理解しなければならない。このタイプの可塑性は、単純な復元である。

可塑性には相補性と逆という二つの操作がある。相補性には補償が含まれる。たとえば、ソーセージの形の粘土を丸めてボールにすれば、量は変化しないが長さが短くなり直径が大きくなる。そこで、直径の増大の効果は、長さの減少によって補償されている。

次に、逆とは取り消し操作のことを言う。引き算が足し算の逆であるように、すべての操作には、それを取り消すもう一つの操作が存在する。逆と相補性は、操作的思考に含まれる2つの可塑性のタイプである。

「分　類」

分類は、物をカテゴリーに分けることである。前操作期の子どもは、色や形のような知覚的属性に基づいて対象物を分類することができる。

色、形、用途のどれであり一つの属性によるグループ分けは、その子どもが他の特徴を見落としていることを示している。具体的操作期の子どもは、たとえば、色と形のような、同時に二つ以上の属性に基づいて対象物を分類する能力を示す。

子どもは、より大きな集合を作って階層的順序で対象物を分類する能力を発達させる。分類の問題を解決するには、思考の発達に不可欠な過程である脱中心化を行わねばならない。脱中心化は、様々な属性に注意を向ける能力をさす。これに対し、中心化は、対象物に対する固定的で柔軟性のない接し方を指す。脱中心化への移行は、具体的操作を行うことを可能にする。

前操作期の子どもは、一つの属性に中心化し、視点を移動させることができない。しかし、具体的操作期の子どもは脱中心化し、二つの集合を組み合わせ同時に集合を分離することによって視点を変える。この過程は、集合の包含問題を解決するために必要な頭の柔軟さを示すものである。

「系列化」

系列化は、増加または減少する次元（たとえば、大きさや長さ）にそって要素を並べることである。子どもは、小さい順または、大きい順に関係を作り上げねばならない。最初のうち、子どもは事物を一つの系列に順序づけることをしない。幼児に様々な長さの棒を与えると、一番長い棒と一番短い棒は並べるが、中間の長さの棒を順序づけることは困難であろう。一番短い棒を発見し、次に残りの中から、一番短い棒を発見するという体系的方法が課題遂行の方略として現れるとき、操作的知能が明らかとなる。

系列化を獲得した後、子どもは一対一の系列的対応に関わる問題を解決することができる。これは数の理解や算数計算の実行に必要な鍵である。

子どもが最終的にこの操作を獲得するとき、推移律という演繹の様式を獲得するのである。

(4) 形式的操作期

形式的な、真に論理的な操作の時期は、十一歳から十五歳の間に出現する。子どもが抽象的思考と概念化への最後の一歩を踏むことができるのはこの時点である。この時期に様々な知的技能が可能になる。数学においてもかなりの発達が生ずる。

子どもは、比例計算や、命題を用いた機能的・演繹的な論理的推理を行うことができるようになる。以前には、一度に一変数だけしか扱えなかったが、この時期の子どもは容易に様々な変数を体系的に組み合わせることができるので、真に科学的な探究を計画することができる。

青年の認知機構はその生活の社会的、人格的側面と相互作用する。青年は、命題論理や記号を使い、矛盾のない観念の体系を作り出す能力を発達させているので、イデオロギーや哲学上の議論に加わることも可能である。

そのような変化は、認知体系だけでなく、社会的生物としての自己の方向づけ、および、将来の社会的役割や職業選択に対する方向づけを含むものである。

第二章　哲也における認知発達

第一節　誕生から退院まで

昭和五十二年十二月十九日　午後四時十七分誕生

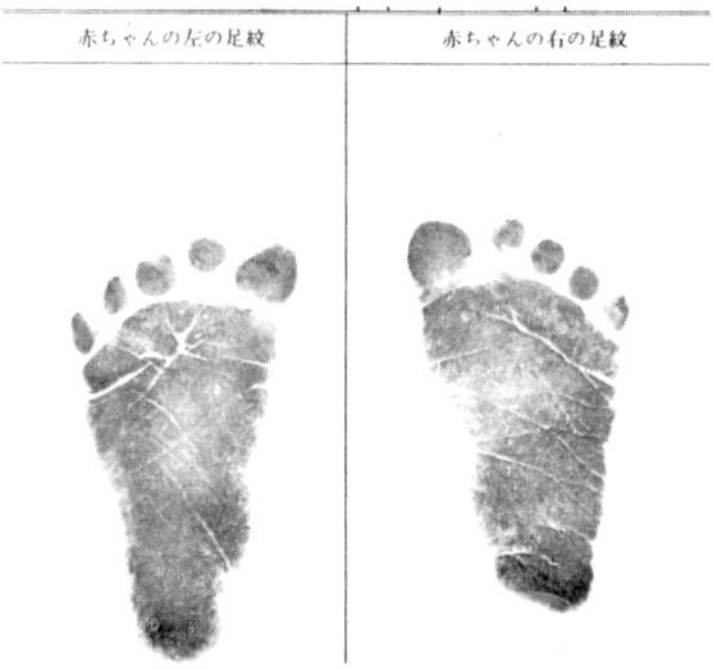

誕生時の足紋

予定日より十日ほど早く生まれたために、未熟児として一ヶ月ほど入院する。そのため、この時期に関しては記録も少ない。

ちょうどこの時期は、ピアジェの発達段階でいうと感覚運動期の第一段階に相当する。（反射的行動以外はほとんど示さない。）

もちろん入院しているため時間的にも制約され、自由に接することができない。ガラスの向こうに寝ている哲也を見て帰ることもあった。

「原始反射」（モロー反射）なのであろう、周りにいる他の乳児が泣くと、小さな手や足を内側へ曲げたり伸ばしたり、全身を反らしたりしている。

ピアジェはこの時期に関して、ほとんど出生最初の数時間後から、かすかで制限されてはいるが、それにもかかわらず真正の、反射の調節的変容も生じることを示唆する証拠を見ている。たとえば、ローランは周りの皮膚領域とは対立する乳首を見分け、その場所をつきとめることに、きわめてわずかながら明瞭な進歩を示している。吸てつのパターンそのものが変わるというよりも、吸てつを起こさせる環境条件、ないし吸てつに達するまでの道具的活動が少しばかり変化するのである。

ピアジェとの間にかなり激しい論争を展開した一人に、フランスの発達心理学者ワロンがいる。「身体・自我・社会」の中で、「新生児は、ほぼ全身の筋肉を弛緩させて眠っている状態と、身体をけいれんさせ緊張させて興奮している状態とを、交互に繰り返します。この興奮のほうには、しばしば泣き声が伴います。これは欲求や生理的不快によるものである。たとえば、ミルクが欲しいとか、抱いて欲しいとか、ゆりかごをゆすって欲しいとか、位置を変えて欲しいとかいった欲求や、寒いとか、おしめが濡れているとかいった不快のために、興奮して泣くのです。そして、こうした欲求や不快の印象と、そのあとに続く印象とのあいだに、急速に連合が成立していきます。つまり先行の欲求や不快の印象を無条件刺激として、そのとき随伴する印象が条件刺激になり、それまで無条件刺激が引き起こしていた反応を、これが引き起こすようになるのです。

たとえば、生まれて三週間目にもなれば、両唇が乳房に触れなくても、授乳の位置に抱かれるだけで、吸う動作を示すことが観察されます。このような姿勢感覚による条件連合が形成された後、さらに聴覚、ついで視覚による条件連合も形成されてきます。

しかし、こうした初歩的な連合の上に、やがて別種の連合が重ねられるようになります。母親をはじめとする大人たちが、子どもに関与し、子どものあらゆる欲求をかなえてくれることから、そこに様々な連合が生じ、この連合によって、その大人たちの存在が想起されるようになっていくのです。

こうした大切な時期を病院のベッドで過ごさせたことに様々な損失を感じてなりませんでした。

第二節　ピアジェによる第二段階

三週間目から詳しく記録が始まっている。（妻・倫江による息子の成長記録から）

「目が光の方を向くようになったよ。」

この頃、声をかけると泣き止むようになってきた。

夜、起きる回数が多くなった。

一ヶ月目、声をかけて、一緒に寝てやると落ち着いて寝ている。

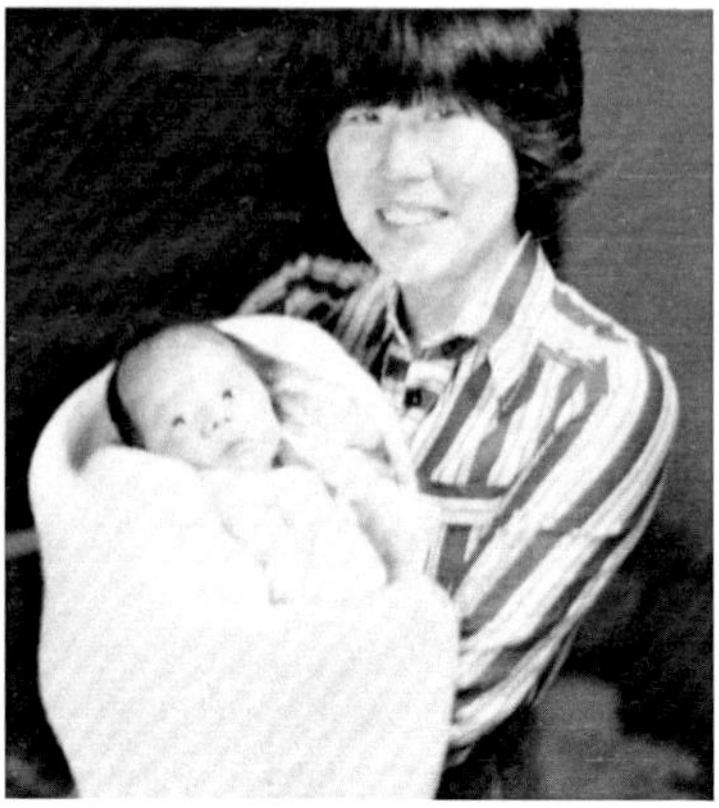

生後一ヶ月目

第二段階

最初の習慣。安定した条件づけの始まりと、第一次循環反応の始まり（自分自身の身体に関する循環反応、たとえば指吸い。）

この第一次循環反応が自発的行動を、生じさせる。子どもが自発的に活動を反復し始めるとき、一連の行為を意のままに実行することを可能にする新しいシェマを発達させているのである。

吸てつ、把握、注視などは、対象物に対する一連の行為の実行を可能にする、組織された、反射の例である。

二、三ヶ月目あたりで良く指しゃぶりが見られた。

把握する時間が三ヶ月頃になると、だんだん長くなり、腹這いもできるようになる。

滝沢竹久著『子どもの思考と認知発達』の認識の芽生えという項には、「誕生直後の新生児は、外界をきわめてかすかにしか認識することができず、せいぜい明暗の区別ができる程度である。しかし、生後二ヶ月間に、感覚の受容能力が急成長し、さらにこれと平行して中枢神経系も成熟し、外界の情報を収集する働きが著しく目立ってくる。とりわけ視覚の発達はめざましく二、三ヶ月目になると、目は一点に向かい、水平に動くものをたどることができる。垂直方向への追視は三、四ヶ月ごろから始まり、さらに四ヶ月目を過ぎると、円運動すら目でたどれるようになる。また三ヶ月目頃の子どもは、目の前に自分の手を持ってきて、その指を動かして、それの動きを興味をもって見つめることがある。これは、視覚と運動との連絡が始まったことを示しており、視覚と運動の協応ができるようになる前触れだと考えられる。

事実、こういう行動が出現したら間もなく、目に見えない物を手に触れたら、手でつかんでこれを見ようとして、目の前に持ってくるし、目で見た物に対しては、手を伸ばして確実に摑めるようになる。

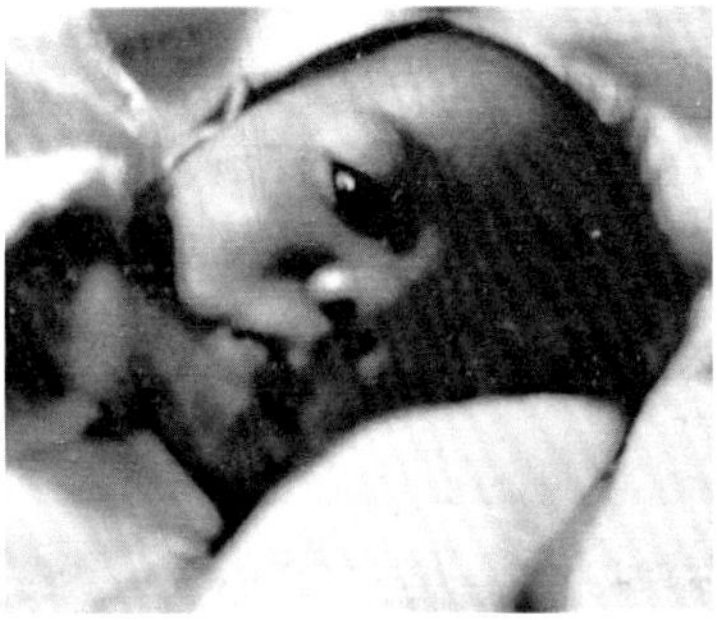

注視している

こういう視覚と運動との協応は、三ヶ月から六ヶ月頃にかけて行われるようになるが、視覚的刺激が環境内に豊富に存在すると、この協応能力の出現も早い。と言っており、目と手の協応が認識能力の発達にとって欠かすことのできないものであると考える。

第三節　ピアジェによる第三段階のころ

第二次循環反応の出現と共に、子どもは新しい興味を覚えるだけでなく、対象物をもう一度出させる力を発見する。

視覚と把握の協応の時期でもある。それまで異質であった空間どうしが協応し始めるが、見えなくなった物を探すという行動は見られない。

目的と手段とが分化し始めているが、あらかじめ目的を持って新しい行為を獲得するということはない。このような行為と学習は、確定性と規則性を備えた条件下で生ずる。

四ヶ月になると動きも激しくなり、なん語が増える。

五ヶ月頃、

「哲也は、イナイ　イナイ　バーが好きである。足元にタオルを掛けてやると、自分でタオルをつかみ、顔を隠すのである。私がイナイ　イナイと言い、顔を隠しバーと言うと、顔を出すのである。たまたま、言葉と動作が一緒になるときがあって、

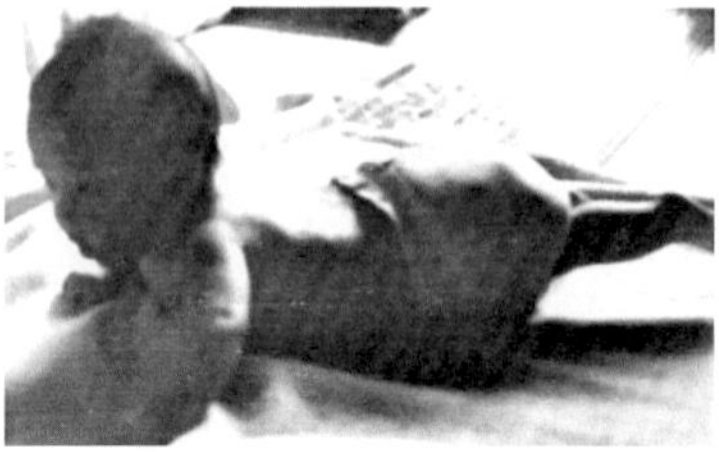

はいはい　三ヶ月頃

タイミングがいい。恥ずかしそうな笑い顔がなんとも言えず可愛い。」

　このことは、第二次循環反応をよく表している。たとえば、よく見知っている両親や他の家族の存在、常に目の前にある対象物および子どもが住んでいる家などは、すべて環境の規則性を支えるものである。一貫性は、子どもの、世界についての予測可能性を生じさせる。

　この時期に関して、ワロンは、

「生後六ヶ月にもなると、子どもは多種多様な情動表現ができるようになります。周囲の者が、子どもとの間に様々な動機に基づいた関係を頻繁にもつほど、子どもの情動表現は豊かになります。」

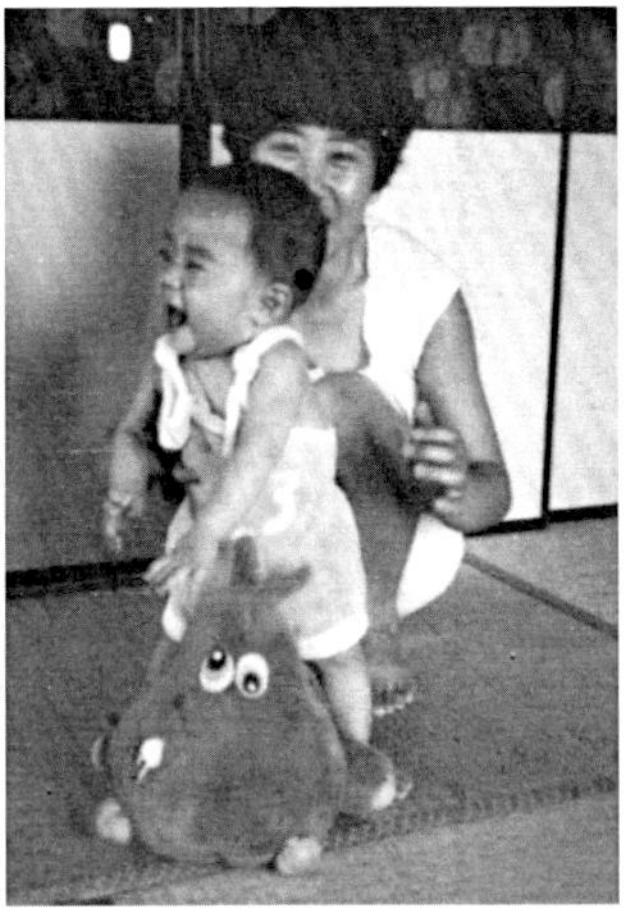

　要求するしぐさにも可愛さが増し、運動にも大胆さが表れてきた。物を使ってたたいてみたり、また、つかまり立ちなどもできるようになったりする。

　子どもがはいはいを始めるようになると、視覚的にだけでなく、直接に対象物や個人と自発的に接することができる。さらに、おすわりを始めると、子どもの世界の視覚的拡がりは大きく変化していく。

介添えなしにすわる能力は、子どもが歩行を学習するときの見え方に近づけ、環境について新しい視点を与える。

食べ物においても、様々な口唇的経験をする。

子どもの発声の仕方に大きな変化が生じる。

四ヶ月頃に離乳食を食べさせ始める。

第四節　ピアジェによる第四段階

八ヶ月から十二ヶ月にあたり、第二次シェマの協応（新しい目的を達成するために既に知っている手段を用いる。）同じ一つの目的にいろいろな手段を用いて、同じ一つの手段でいろいろな目的を達することができる。

見えなくなった物を探すという行動が見られるが、物の連続移動と連続定位を協応させることはできない。

このころの哲也は、タンス等につかまり立ちをし、中の服などを引き出すなどのイタズラを始める。

歯も出てきて、言葉も「オ・ハ・ヨ・ウ」と言えるようになる。（初語）

笛を吹いたり、ラッパを吹いたり吸ったりするようになる。一つ教えた動作を応用し、いろいろやってみようとしている。

階段の一段の上り方を教えると、九ヶ月に

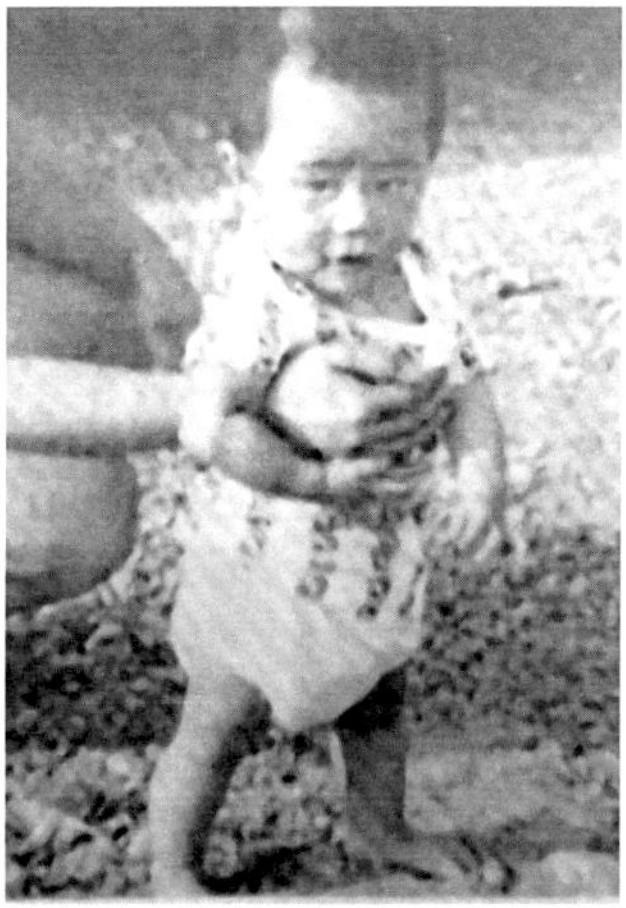

八ヶ月頃

入るとすぐ三段ほど上る。（この間、二週間である。）

九ヶ月、鉛筆で線を書き喜び、対象物と自己との関係を楽しみながら学んでいる。

また、子どもは対象物の機能についてだけでなく、人についても学習している。

私とボールのやりとりを何度もやっていると、私の手の上に持って来るのだが、ニヤッと笑って、その手を引っ込める。人との関わり方もうまくなる。

階段上りで覚えた技能は、テーブル上りへ、こたつ上りへと拡がり、灰皿投げ等のウルトラ・イタズラへと展開していく。

この階段上りの例は、まさに第四段階の良い例であると思われる。

初めて書く　九ヶ月

九ヶ月、線を引いたが、十ヶ月には「じいじ（文字）と言うと、意味が分かるようであり、線を書こうとする。

鉛筆の線（上の写真）は、左手で書いたものである。しばらくの間、左利きが続いた。

十一ヶ月では、家の階段を二階まで上り、ボールを下へ落としながら、一人で階段を下りて来る。

視覚と手の協応が進み、お菓子の箱に入っている、ビスケットをうまく取り出す。物体同士の関係に目が向けられ、穴を見ると、その中にボールを入れてみたり、箱を見ると蓋を開けたり、閉めたりして面白がることがあった。

物を入れ物と中身の関係で捉えようとしている。そして、視覚と運動で確かめようとしている。

歩行は、ベビーカーを押しながらだと、五百メートルくらいは、ゆっくり歩いて行くことができる。

第五節　ピアジェによる第五段階

一歳から一歳半が、この段階にあたる。第三次循環反応が、子どもと環境の相互作用の特徴である。この段階以前の子どもは、保守的であり、自分の思うようになるという気持ちを示すために、慣れた行為を反復するのであるが、子どもは、ここにいたって探索的かつ好奇心旺盛になる。この段階の子どもは、特に、目標に到達したり、途中の障害物を取り除くような問題解決において、創意工夫に富むとピアジェは言っている。以前には、子どもは消えた対象物をかなりデタラメに探したが、今では行動は、より体系的になり、正しい場所に向かうのである。また、この段階では、特定の場面と結び付いた音声を発しようとする。このことが、他人の行為を模倣し、他人の動作や行為を予想する能力を育てる。

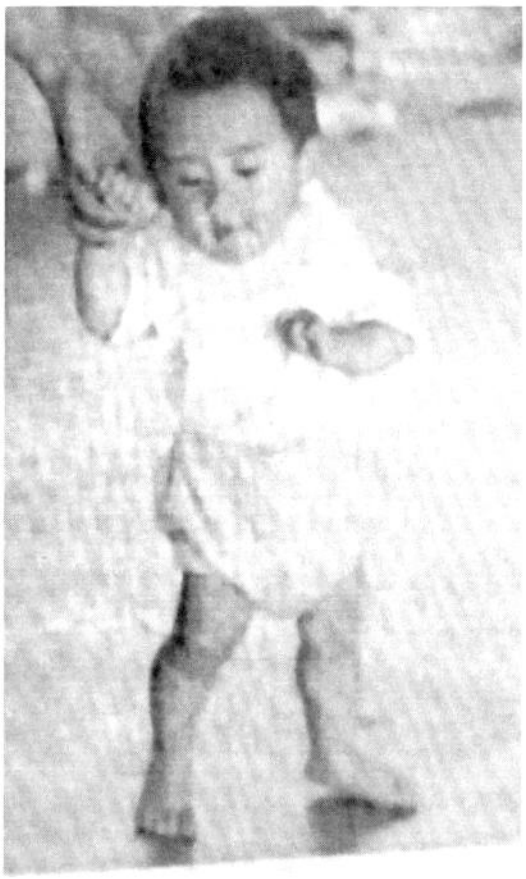

一歳

一歳一ヶ月、自分から歩き出す。十一ヶ月から手を引けば歩いていたのだが、なかなか自分から進んで歩かないところが見られ親としては、はがゆく思う一面もあった。

一歳、単語がかなり増えてきて、一緒に遊んでいても面白い。

家の近くにバイパスが通っていて、トラックが通ると「トラック」と、しきりに腕を振り上げて言う。普通車との違いをはっきりと分かっている。模倣についてもかなりするようになっている。

一歳

「玄関のブザーを、隣の五年生の女の子が鳴らすと、それを見ていて、背伸びをして鳴らす。自分で鳴らし、音が出ると分かると大喜びで、「アハハー、アハハー」と笑いながら繰り返し鳴らすのである。

新しい事柄に関して興奮しながら、欲深く学んでいこうとする姿勢が見られる。

また、レコードに興味があり、針をレコード盤の上に下ろすのだが、何本針を換えたか分からない。音楽も好きで曲が流れると、くるくる回りながらステップを踏む。

一歳三ヶ月、祖父のタバコの灰の捨て方を真似し、たくさんタバコを折っていた。

テレビに刺激を受け、真似をし、「ビューティフルサンデー」のよく知っている部分を繰り返し歌っていた。

一歳四ヶ月、よく動き回るようになり、小さな物を見つけるのがうまくなる。

大人の真似等、回数が増える。祖父の真似をして「かんぱい」をし、近所のお兄ちゃん達が「学校」へ行ったと教えると「エーン」と泣く真似をする。

一歳五ヶ月、ごっこ遊びが好きで、ピ

三輪車　一歳四ヶ月

ストルで撃つ真似をすると「アー、アー」と言って倒れる。

ままごとも好きである。小さな積み木を根気よく縦に積み上げようとする。

近所の子ども達と遊ぶ機会も増え、大きい子が、掃除等をしていると、自分もすると言って、箒を持ち出す始末である。

ワロンは、「一歳五ヶ月頃から、子どもは他の子どもたちに混じって遊びに加わろうとし、たとえば、他の子どもたちのやっていることを模倣したり、同じおもちゃを一緒にいじったり、同じ遊びに手を貸したりするのです。

他の子が泣いているのを見ると、慰めたり、いたわったりしようとします。もう少し年長になると、仲間の行動について判断し、考えを交換したり、相手に質問したりするようになります」と述べている。

第六節　ピアジェによる第六段階

第六段階は、一歳半から二歳までであるが、この段階では、試行錯誤的実験化を行うことなしに、潜在的に、計画を立てる能力が現れる。この新しい過程は「洞察」である。この時期では、今まで徐々に構成されてきたシェマやシェマ間の操作が非常に柔軟に行われるようになる。そして、だんだん行動を内面化することができるようになり、頭の中でいろいろなシェマを協調させることができるようになるのである。

モデルが消えてしまった後で、模倣を行う、延滞模倣や象徴遊び、たとえば小石をあめ玉に見立てて遊ぶ、ままごと等がこの時期の大切な行動となる。

真似　一歳五ヶ月

一歳七ヶ月には、様々な模倣が現れてくる。近所の子

真似　一歳八ヶ月

ども達の後を着いて行くことが増え自転車で転ぶ子どもの真似をし、靴を脱がせて欲しいと、靴を脱ぐ真似をする。

アヒルが近所の釣り堀にいて、それを見てきては、真似をして歩き、とにかく見た物を一つひとつ真似して報告しなければすまないといった感じである。

一歳八ヶ月、釣り堀で、魚釣りをしているところを、おじいちゃんと見てきて、家でエサをつけるところから、竿を投げ込むところまで、事細かに演じてみせるのである。

これは確実な延滞模倣の例である。このことは、言語に基づいて観念を再構成し、自分のためにも他人のためにも、以前の経験を表象することができる。

第七節　ピアジェによる前操作期

前操作期は二歳から七歳であるが、哲也の記録は二歳六ヶ月つまり、前操作的段階で終わっている。

前操作的段階の（二歳から四歳）の子どもは、自己中心的であり、自己を判断の基準とし、他の人々の観点に立つことができない。よく考えずに額面通りの判断をしてしまう。また、対象物を唯一の特徴に基づいて分類し、刺激の多面的な側面を同時に分類することができない。

たとえば、男と女が人間に分類され、ジャガイモとリンゴが食べ物に分類されるということは理解できる。しかし、ひと山のリンゴを大きく赤いリンゴと小さく青いリンゴという多面的次元で分けることなどはできない。

子どもの概念化は、知覚優位である。というのは、組織化、分類、原始的概念化は、表面的な物理的属性の影響によってかなり規定されているからである。

しかし、これが感覚運動的段階と異なるのは、子どもが直接的運動行為よりも象徴を用いて対象物に接する点である。

また、子どもは特殊事例と特殊事例とを関連づけやすい。もしAがある点でBと似ていれば、Aは別の点でもBに似ているに違いないと考える。

（1）前操作的思考における模倣

感覚運動期でも、ごく初期に延滞模倣が可能になる。これは、子どもがある出来事を見た後、モデルが目の前にいなくても見た物を反復することである。

ピアジェにとって模倣は見た物の正確なコピーではなく、子どもにおける見た物の解釈や再構成なのであり、それがその後、子どもの活動において再現されるのであるという理解となる。

延滞模倣は、表象的思考に、必要な準備行為である。モデルが目の前にいないときに模倣するには、その出来事の内的表象が必要である。大人もゴルフのスイングなど、電車やバスを待ちながら傘で、延滞模倣をよく行っている。このように、延滞模倣には適応的働きがある。

(2) 哲也における延滞模倣の出現

一歳三ヶ月　タバコ、ティンパニィ、ごみけり
一歳四ヶ月　かんぱい、泣く真似
一歳五ヶ月　ごっこあそび、ピストル
一歳六ヶ月　着替え
一歳七ヶ月　ころぶ真似、靴を脱ぐ真似、物を注ぐ真似、アヒルの真似、カエルの真似、怒った真似、ありの真似

一歳八ヶ月　魚釣り
一歳九ヶ月　電車ごっこ、泣く真似
一歳十ヶ月　ピストルごっこ、見たことを身振りを交えて話す
一歳十一ヶ月　ままごと（おにぎり作り）、粘土で蛇
二歳　粘土でトンボ、ピストルごっこ、電車ごっこ
二歳三ヶ月　風船飛ばし、ガムを食べる真似、ウルトラマン

哲也における延滞模倣の始まりは、一歳三ヶ月くらいからになるが、一歳八ヶ月の魚釣りの例は、一連の流れを説明していて、かなり印象的であったし、延滞模倣として明確であるため先に述べた。「模倣の心理学」（大友茂訳　J・ピアジェ）には、六段階に分け模倣について述べている。

第一段階　反射による準備の段階
第二段階　散発的模倣の段階
第三段階　すでに子ども自身の発声の一部となった音とか、すでに自分に見えるやり方で子どもがなしたことのある運動を組織的に模倣する段階

第四段階　子どものからだの見えない運動を模倣する段階
第五段階　新しいモデルを模倣する段階
第六段階　後発模倣（延滞模倣）
　　　表象的模倣の初めと、模倣のより以上の発達

第三章　哲也における言語の獲得

第一節　言語の獲得と認知発達

言語と認知発達の関係に関するピアジェの理論は次のようにまとめることができると、大浜幾子は、「言語と認知」で述べている。

「（1）言語は認知発達に寄与しうるが、それを生み出すものではない。
（2）新しい操作はすべて主体の活動から構成される。
（3）新しい操作が言語の面に限定した発達の結果、出てくることは決してない。」

しかし、言語を巡る大切な点の欠落を指摘する大浜は、「言語は、特別に複雑な対象であり、子どもに特別に豊かな認知構造のシステムを生み出させることになり、間接的

ではあるが、主体の発達において主要な役割を担っている。」と言っている。

さて、子どもは言語そのものを示す以前に、かなり様々な経験をし、言語発達に影響を及ぼすような劇的な行動の変化を体験するのである。言語は一つの記号体系である。言語は、自分や他人に対して経験を現前させ、再現させる手段である。また、言語は、記号の操作を通じて人間が仮定の状況を作り出し、分析することを可能にする道具である。

第二節　言語の発達に必要な条件と言語の発達

文部省（当時）「肢体不自由児の発達と指導」には、このことに関して次のように述べている。

（1）言語の発達に必要な条件

（ア）環境的な条件

家庭環境が大切で言語刺激、言語的相互反応、受容的反応をあげている。

（イ）学習者（子ども）側の条件

知的能力、聴力、発声発語器官機能、パーソナリティ等。

（2）言語の発達

言語の発達の早さは、個人差が大きく、一律でないが発達には決まった順序があると述べられている。

（ア）話し言葉の準備期間

反射的発声の時期

なん語の時期

模倣の時期

身振りの時期

（イ）言語の発達

始語の出現　六ヶ月～二歳八ヶ月にわたり、個人差が大きい。

語彙の発達　二～四歳に急激に発達。

初めは名詞が中心、次に動詞が多い。

三歳になると助詞が多く使われる。

文の発達　一歳代前半。一語文を話す。
一歳代後半～二歳。二語文
二歳～四歳にかけて。文章の長さが著しく発達。
構音の発達　成人に近い構音の発達は、六歳位である。

第三節　哲也における言語の獲得例

哲也の始語は八ヶ月であり、「おはよう」という、私の呼びかけに応じて、「オ・ハ・ヨ・ウ」と一語ずつゆっくりとしゃべったものである。

大変はっきりと聞こえてきたものだから私の方が戸惑いを感じてしまった。

資料を参考にしながら様々に考えていきたい。

反射的発声の時期においては、ほとんどが快・不快を表すような泣き声が多く、それでも妻があやすと泣き止むといったコミュニケーションは、早くから観察されている。

三ヶ月頃になると、泣き声も表現が様々に異なってきて、聞いていて要求の内容が判断しやすくなった。

次に、人の呼び方の変化を見ることにする。

表一　人物の呼び方

年齢	母親	父親	祖父	祖母	叔母	自分
0:05	アーアー					
0:06	マーマー					
0:08		パパ		バーバー		
0:10			オトウサン			
0:11	アーちゃん	おとうさん	おとうさん	ばあちゃん		てっちゃん
1:00					すがちゃん	
1:03	アーちゃん	おとうさん おとうちゃん	おじいちゃん			
1:04		パーパー				
1:06	アーちゃん	おとうさん パパ	じいちゃん おじいちゃん	ばあちゃん	すがちゃん	
1:07		パパ				
1:08						てっちゃん
1:09	ママ	パパ				
1:11	ママ	パパ		ばあちゃん	すがちゃん	てっちゃん
2:00	ママ			おばあちゃん		てっちゃん
2:01	ママ	パパ	じいちゃん			
2:05	ママ					電話 「ゆきのです」

表一からも分かるように母親に対してずっと「アーちゃん」という言葉を遣い、後の人たちに対しては「パパ」とか「すがちゃん」など、名詞を遣っている。これは、私が意図的に行ったもので、子どもには、早くから正しい名詞を教えた方が、後で訂正せずに済むと考えたからである。

しかし、母親に対しては、少し赤ちゃんらしさが欲しいと思い「アーちゃん」を遣った。これは一歳九ヶ月まで遣い「ママ」に変更する。

私達夫婦は、父親（哲也から見るとおじいちゃん）のことを、「おとうさん」と呼んでいたのだが、十ヶ月に哲也が「おとうさん」と祖父を呼び始めたため、家族で呼び方を統一した。


この訂正におよそ三ヶ月かかってしまった。

周りの人達は、赤ちゃん言葉に執着するため、様々な名詞を作り出して教えていた。たとえば、「じいじ（文字のこと）」「とと（魚）」「だんだ（風呂）」等である。

正しい名詞を正しく教えることは、訂正の期間や混乱を避ける上で大切であると考える。

滝沢は「子どもの思考と認知発達」の概念の働きの項で、こう述べている。

「言葉は思考の道具である。実際、豊かな言葉をもつか否かは、子どもの思考の発達を大きく左右する。とりわけ論理的思考を進めていく上で、言葉は極めて重要な役割を果たしている。概念を明確にしたり、論理的一貫性を与えたりするだけでなく、適切な情報を蓄積したり想起したりするさいにも、たいへん有力な手段となっているからだ。

しかし、言語が子どもの論理的思考の発達の起源であると断定することは、必ずしも妥当ではない。たとえば、話し言葉を持たない聾唖児でも、一・二年の遅れはあるにせよ論理的思考は可能である。」

ピアジェを初めとするジュネーブ学派の心理学者は、論理的思考が言語発達をもたらすと述べている。

H・サンクレールは、数量保存の認識が言葉の基礎だとも言っている。長さの比較や、二つの面の対照など保存の認識のある子は表現できる。しかし、ただ言葉だけ教えた子（保存認識のできない子）は、言葉は遣いこなせたが、量の保存性の認識に、ほとんど進歩が見られなかった。

表二からも分かるように、二歳からの語彙数の伸びは著しいものがある。勿論、日記であるため、つけ忘れがあったりし資料としての客観性欠くかも知れないが、二歳一ヶ月の伸びは大きい。

前言語期から生じてくる操作の中で、命名（ラベリング）、非存在、および繰り返しが極めて重要である。この時期の終わりまでの子どもが産出する言語は、対象の存在（「ワンワン」）、その非存在（「ワンワンいない」）、その繰り返し（「またワンワン」）を表現することが出来る。さらに所有と位置の概念は、大人の言葉の用いられる言語標識

表二　語彙数（新出語）

年数	月数	名詞	動詞	助詞	その他	合計
	8	3				3
	9				3	3
	10	3			2	5
	11	14	1		1	16
1年	12	5			2	7
	13	4			1	5
	14	1				1
	15	14	2	1	5	22
	16	7	2		5	14
	17	6	1		3	10
	18	13	1		2	16
	19	8	3		3	14
	20	18	1	1	6	26
	21	15	1	1	2	19
	22	15	7		11	33
	23	13	1	2	4	20
2年	24	20	4	5	5	34
	25	48	19	13	8	88
	26	17	14	7	6	44
	27	22	15	7	8	52
	28	18	19	2	6	45
	29	10	6	1	6	23
2年半	30	6	5	1		12

によってではなく、子どもが単にラベルを併置することによって表現される。子どもの単語は、デタラメの順ではなく、意図する関係の順序で産出されるのである。思考に重要な関連のある言語発達の初期の側面は、言語理解に関わるものである。乳児にとって、言語と思考は共に理解の過程を内に秘めている。

ピアジェの理論を具体的に理解し、息子の記録を整理するというのが目的であったが、まとめていくうちに、ピアジェの理論の奥深さと面白さを知ることができた。

また、模倣の部分と言語の問題は、まとめていて興味をひかれるものがあり、これからも研究を続けていきたいと思っている。

資料1-1（妻の育児日記より抜粋）

年・月数	月日	運動	発声と聴覚	視覚
	12.19	・誕生、体重2280g、身長47cm	・オギャー	
	20	・手や足を曲げたり伸ばしたりする。		
	21			・目が開いている。
	1.12	・風呂へ	・声をかけると泣き止む。	
	14		・クシュクシュ泣き声。	
1ヶ月	1.22	・よく手足を動かす。		
	23	・風呂足をけり泳ぐ感じ。		
	2.4		・泣く	
	6	・爪切りで、足の皮を切る。	・すごい勢いで泣く。	
2ヶ月	2.26		・ウックン、ウックン	・私の手を追う。
	28		・テープの声を聞かせるとニコッと笑う。	・私の指の動きを見て笑う。
	3.13	・手を口へ持っていく。まるで手を吸うかのごとく。		
		・オッパイにも触るようになってきた。	・あやすと笑う。	
			・涙を流してワーワーと泣く。	
	15	・指をしゃぶる。	・声をかけると、そちらへ向く。	
3ヶ月	3.20	・オッパイを自分から触る。	・ウックン、ウックン ・少し泣き声が変わってきている。	
	31			・目の前で、おもちゃを動かすとしきりに見ている。
	4.4		・「ハーイ、ハーイ」「ウーン」「オギャー」「フゥアー」「アーン」	
	5	・リングのおもちゃを手に持たせると、ほんの少しだが、握りしめている。		
		・腹這いをさせる。腕をうんと張り、頭を持ち上げると、前のめりになり、足が宙に浮いてしまう。		
	9	・腹這いにしておく。前には進まない。	・「アーアー」と、声を出して頑張る。	
	4.10	・リングのおもちゃを握りしめている。2〜3分間持っている。		
4ヶ月	4.19	・タオルを握りしめ口まで持っていく。毛布をつかみ、はねようとする。		
	20	・両手を口の所で組み、しきりに文句を言う。	・「アーアー、ウン、アーアー」文句を言う感じで。	
	21	・おしめを替えるとうれしそう。 ・はいはいさせると、コロンと仰向けになる。	・「アーアー」声を変えうれしそう。	
	30		・「キャーキャー」と喉をからして叫んでいる。	
	5.12	・味噌汁を混ぜた お粥を食べさせる。吐き出す。		

資料1-2（妻の育児日記より抜粋）

年・月数	月日	運動	発声と聴覚	視覚
4ヶ月	17	・手を伸ばしてやたらと物をつかむ。 ・タオルをつかみ口へ持っていく。 ・寝返りをする。		
5ヶ月	5.25	・イナイイナイバーをすると頭を隠したり、出したりする。 ・足元にタオルを掛けて寝ると、自分でタオルをつかみ顔を隠す。	・イナイイナイで顔を隠す。バーで顔を出す。 ・「キャー、キャー」興奮する。	
	6.7	・口の中へ自分の手を思い切り入れる。 ・風呂ではお湯をパジャパジャ叩き喜ぶ。		
	13	・一人で寝返りをうつ。 ・茶碗でテーブルをたたく。		
	14	・仰向けに寝かせておいたはずなのに、腹這いになっている。 ・座位がとれる。		
6ヶ月	6.20	・体重6840g ・一人で座れる。寝返りが出来る。 ・机につかまり、立つことが出来る。	・「マーマー」と泣く。	
	22	・右手に持たせたおしゃぶりを、左手に持ち替える。		
	27	・歩行で後ろへ進む。		
	7.2	・海へ行く。		
	3	・暑いため、足でタオルケットをはねる。		
	9		・「オウオウ」と要求する。	
8ヶ月	8.22	・タンスにつかまり、ずっと立っている。 ・引出しの物を引っ張り出し遊ぶ。		
	26	・前にどんどん這っていく。	・「おいで」という言葉がわかり転がっていく。	
	27		・歯が出てくる。	
	29	・足の爪が少し剝がれているので、左足を上げ、かばっていた。 ・風呂場の戸に手をかけ、開ける。		
	9.1	・おもちゃの汽車をかじっている。 ・自由にはいはいする。 ・足は立てる時もあるが、まだ体重を支えきれない。 ・手を握ってやれば、一歩ずつ歩ける。 ・机につかまれば一人で立っている。		
	3		・朝「おはよう」というと、「お・は・よ・う」と、答える。	
	8	・笛を鳴らす。 ・ラッパから音が出る。		
	10		・「アーアー」と泣く。	
	12	・笛、ラッパ、ハモニカの音が出る。		

資料1-3（妻の育児日記より抜粋）

年・月数	月日	運動	発声と聴覚	視覚
8ヶ月	13		・下の歯、2本、半分くらい顔を出す。 ・「アハハー、アハハー」笑い方が少し変わる。	
	15	・笛を鳴らす。 ・ラッパは吹いて吸ってと連続で音を出す。		
	17	・2階へ上がろうとする。 ・体重7500g、身長68cm（5ヶ月ごろの子どもの平均）		
	18		・「パパ」、「オハヨウ」、「パーパー」、「クウクウクー」	
9ヶ月	19		・笛を口にくわえて、「ワーオ、ワーオ」と叫ぶ。	
	9.20	・高這いをする。		
	21	・積み木を握って遊ぶ。積み上げたものを壊すのが楽しい。		
	29	・おもちゃの車を支えにして、伝い歩きをする。		
	10.2	字を書く（線を書き喜ぶ）。		
	10.3	・階段を3段上る。		・動物園に行く。離れた所からライオンを教えるが視野に入らない。
	8	・積み木を高く積み上げてやるとすぐ壊すようになる。 ・小さいボールを片手でつかみ、投げたり、転がしたりすることが出来る。 ・ボールを転がしては取りに行き手で転がしては、「アハッ」と声を出す。	・「アハッ」 ・レコードを聴いて寝る。	
	9	・やりとりを何度もやっていると、私の手の上に持ってくるのだが、ニャッと笑い引っ込める。	・「ボールを取っておいで」というと、ボールを撮ってくる。 ・「ボールを頂戴」と言うと、渡してくれる。	
	15	・テーブルの上に這い上がる。		
	16	・こたつの上に這い上がる。	・「オーオー、オーオー」と言ってテーブルから、下りようとする。	
	17	・イスに寄りかかって立つ。テーブルの上に上る。灰皿を投げる。	・寝るとき、話をしている。	
10ヶ月	10.19	・30cm程の高さの、引き出しの中へ這い上がり、後ろ向きで足から下りたりしている。		
	21	・石を口の中に入れたりしている。	・「ダメ」というと、ニコッと笑い同じ事をしている。	

資料1-4（妻の育児日記より抜粋）

年・月数	月日	運動	発声と聴覚	視覚
10ヶ月	22	・ちょっと目を離すと、石ころを、木切れなどをすぐ口に入れる。 ・アスファルトの上では、右足を立てて這っていく。 ・ゴロゴロした石の上では左足を立て、高這いをする。		
	24	・カタカタ（手押し車）を押し、廊下を走り回る。		
	11.7	・字を書いているとき、「じいじ」というと意味が分かっているようである。	・「じいじ」（文字のこと）と言う。 ・「おふね」風呂から出かけに。	
	10	・レコードをかけろと催促をする。 ・身体をリズムに合わせ動かす。 ・「バイバイ」と手を振る。	・ステレオの所へ行けと、手を前に出し催促する。「アッ、アッ」 ・「いないいないばあ」の本を開いて楽しむ。 ・お菓子を食べているとき、手を出したり、指を曲げたりする。 ・掃除機のグーンという音が嫌いで泣き出す。	・「いないいないばあ」の本を見てよく笑う。
	12	・おじいちゃんが帰ってくると、両手を前に差し出し、身体を乗り出すようにし、歩き出す（まだ一人では歩けない）。 ・3本目の歯が生え始める。		
	18	・お菓子の箱（ビスコ）から、ビスケットを引っ張り出す。 ・せんべいを袋から出す。指先の使い方がうまくなる。 ・階段を一人で下りてくる。	・「オトウサン」と言って、おじいちゃんにとんでいく（私達が父のことをおとうさんと呼んでいるため）。	
11ヶ月	20	・階段を一人で二階まであがる。		
	21	・階段を下まで下りてくる。おもちゃを落としては、そこまで行き、また下へ落とす。	・「あーちゃん」（母親） ・「おとうさん」	
	22	・風呂に入って「鉄ちゃんの手」「指」と教える。	・「手」「指」という。 ・「あった」「ふね」	
	23	・風呂で「船」を教える。 ・ベビーカーを押し買い物から帰ってくる。400mくらい。補助があればかなり歩く。	・「船」	
	24	・ミカンに噛みつき汁を吸っている。	・両手を差し出し「ちょうだい」という。	
	25			・おじいちゃんが触っているおもちゃを見て「ちょうだい」という。

資料1-5（妻の育児日記より抜粋）

年・月数	月日	運動	発声と聴覚	視覚
11ヶ月	12.4	・何にもつかまらず、じっとしゃがめる。 ・4本目の歯。	・「ボール」	
	12.6	・靴を縁側にあげたり、下ろしたりする。	・隣の犬が吠えたので「ジョン」という。	
	12.11	・体重8500g、身長74cm・手を引いて歩かせようと努力しているが、用心深く一人では歩かない。		
12ヶ月	12.22		・「トラック」	・バイパスの側道で、トラックを見つける。 ・ぬいぐるみの人形に興味を示す。
	1.3	・小牧山へ手を引かれて登る。		
	4	・おもちゃ売り場で、ミニカー、ぬいぐるみの可愛い物に興味を示す。		
	5	・クレパスを口の中へ入れパクパクする。	・玄関のブザーをならす。背伸びして何度も鳴らす。	
	6	・動物園に行く。 ・クレヨンでなぶり書きする。	・「サル」「いいこ、いいこ」	
	8		・「おかえり」	
	14	・ハーモニカ10分くらい「上手」の声に励まされて、吹き続ける。 ・風呂の中では、一人で立っている。	・「すがちゃん」 ・ボールで遊んでいて「ちっちゃいボール」と祖母が言うと「ちっちゃい」という。 ・「あ.い.う.え.お」を繰り返し教えると、真似をする。	
1歳1ヶ月	1.20	・一人で歩き出す。（1年1ヶ月1日） ・横へ横へと歩く。		
	21	・一畳分歩く。		
	29		・「軽石」、「石鹸」	
	2.3	・200mほど、どんどん歩く。 ・坂を躓きながら上る。 ・芝生の坂で袋滑りを教える。	・モルダウを聴き寝る。	
	2.8	・「電気」というと、指差し教えてくれる。 ・「ふうせん」どれ、と言うと、隣の部屋へ行き、指し示す。	・「八郎」の話を覚えていて、読む前に「おーい」と自分から言う。 ・「川」	
	10	・「八郎」を読んでいると、物語に入り込んでいた。	・「ウオーイ、ウオーイ」「ハチロウ」	
1歳2ヶ月	2.20	・レコードを聴きながらくるくる回る。	・水たまりから流れるのを見て「川」と言う。	・テラスの下に、水がたまっているのを見つける。
	25		・木曾川を見て「川」と言う。	
	3.4	・瑞浪スケートリンクへいく。氷の上を靴でトコトコ歩く。 ・足元に抱えて滑ってやると、声を出して喜び、手をパチパチたたく。		

資料 1-6（妻の育児日記より抜粋）

年・月数	月日	運動	発声と聴覚	視覚
1歳2ヶ月	7	・リンゴをすってやると、スプーンを左手に持ち、一人で口に持っていく。右手より上手。		
	8		・「モルダウ」に合わせ、足でリズムをとり踊る。	
1歳3ヶ月	3.25	・レコードが好きで、自分で盤をのせていたら、針が折れてしまう。 ・カセットテープのテープを引き出す。直す所を見せると、自分も鉛筆で直そうとする。 ・ユニーで男の子がゴミを蹴るところを見る。帰り、同じ所でそのゴミが落ちているのを見つけ蹴飛ばすが、動かないので手で動かす。		
	27		・「おった」「おわり」	・モルダウを聴くと寝てしまう。
	31	・ブランコにのせる。 ・おじいちゃんのタバコの灰の捨て方を真似て、タバコを折ってしまう。 ・カメラ、カセットなどの扱い方に興味を持つ。	・「アーチャン」	・「あいうえおの表」 ・小さいゴミを拾い灰皿に捨てる。
	4.1	・「オーケストラがやってきた」を見てティンパニイーに刺激され、机の下にあった空きカンをうつ。 ・五月人形の刀を鞘に収めるのがうまい。 ・障子を破る。	・「あ、い、う、え、お」まで言う。 ・「おじいちゃん、おとうさん」	
	2		・「とうちゃん、あれ」 ・ビューティフルサンデーをよく聴く。	
	3	・カタカタを上手に持ち上げ方向転換させる。	・「おはよう」「おとうちゃんは」「ステレオ」	
	4		・「おあ(は)じき」「ひとつ」 ・「ハッ、ハッ、ハー」、B・サンデーを歌っている。 ・「あわ(泡)」	
	7	・ラケットを運びながら。	・「よいしょ」	
	9		・「いただきます」「石」「さよなら」	
	10	・お茶が欲しくて言う。	・「チャ、チャ」	
	11	・「鯉のぼり」を持って回る。		
	18		・「ハロー」という。B・サンディの歌。	

資料1-7（妻の育児日記より抜粋）

年・月数	月日	運動	発声と聴覚	視覚
1歳4ヶ月	4.21	・「いないいないばあ」の本を好んで見る。	・「のり」「ちょうだい」	
	29	・小さな虫を見つける。	・「タタ」「タタイ」と虫を言う。	・小さな虫を見つける。
	30	・水たまりを見つけ石を投げている。 ・よく歩く。	・「タイタイ」鯉のぼりのこと。	・「鯉のぼり」を見つける。
	5.11	・小牧山へ上る。	・「おいちょ、おいちょ」	
	14	・掃除機の先で遊んでいるため、本体をつけてやると、一生懸命掃除を始める。	・「ネンネンネン、バア」「パーパー」と言って遊びに誘う。	
	15	・鉛筆削りにトランプを入れる。カードは折れてしまう。	・「ハアーイ」 ・「ポッポッポー」「ヘソ」	
	16	・おじいちゃんの真似をして「乾杯」をする。 ・腕時計を指さすので「時計」と教えると、隣の部屋へ行きハト時計を指し示す。 ・ハモニカの吹き方がうまくなる。 ・近所のお兄ちゃん達「学校」へ行ったと教えると、「エーン」と泣く真似をする。	・「とけい」 ・「たったしろ、たった」 ・「かた」	
1歳5ヶ月	5.20	・タンポポをちぎって渡すと、頭に刺している。 ・明治村に行く。 ・壁の1～10の表を見て、ジュウという。	・「ねんね」「かんじ」「ダメ」「ひとつ、ふたつ」 ・「イチ、ニイ、……ジュウ」	・壁の表を見ることができる。
	27	・積み木の「くつ」「とけい」など見つけられる。		
	30		・「はい」「よいしょ」	
	6.3	・小学校へ連れて行く。校舎内を大きな声をあげて歩き回る。		
	5	・積み木を、縦に3,4こ積み上げる。 （身長76cm、体重9.05kg）		
	8	・ごっこ遊びが好き。「バーン」「死んだあ」倒れる真似をする。		
	9	・風船を膨らませれる。		
	16	・積み木3コ重ねる。		
1歳6ヶ月	6.23	・ピストルごっこで遊ぶ。 ・ままごとが好き。皿の上にそのへんにある物をのせ差し出す。		
	24		・「あいちゃん」	
	27	・階段を上り下りする。 ・ありがとうのお辞儀をペコンとする。	・「ひとつ、ふたつ」	

資料1-8（妻の育児日記より抜粋）

年・月数	月日	運動	発声と聴覚	視覚
1歳6ヶ月	28	・おじいちゃんが仕事から帰って来て着替えをすると、自分も服を脱ごうとしてボタンに手をかける。 ・パチンコ、ボーリングへ行く。		
	30	・おしっこをキチンと教える。		
	7.4		・「あーちゃん」「じいちゃん」「ばあちゃん」「すがちゃん」「おとうさん」	
	7	・七夕飾りをつくる。 ・左手で鉛筆を持っている。		・線を引く。
	11	・机30cmの高さから飛び降りる。 ・積み木遊びで「れいぞうこ」「たまご」「ふうせん」「てれび」「いぬ」「ねこ」「うさぎ」「ちょうちょう」（絵を見てひろう）。		・線を引く。 ・積み木の名前が分かる。
	14	・階段のスイッチを点けたり消したりする。		
	15	・バケツからひしゃくで水をくむ。	・「おいしょ、おいしょ」	
	16	・畑へスイカを見に行く。 ・2～3週間前から漢字の「川」「田、家、時計、足」など大きく書き廊下の壁に貼り読ませている。 ・すがちゃんのスカートのホックをはずし水遊びを要求する。	・「スイカ」	
	17		・「おじいちゃん」「ねんね」「あわ」「パパ」「チンチン」「チュッ、チュッ」	
1歳7ヶ月	19	・たっちゃんが街路灯に登ろうとすると、登りたがる。		・年上の子のすることを、真似したがる。
	21	・男の子が自転車で転ぶと、その真似をして転ぶ。		
	22	・プールへ行く。 ・プールの滑り台を喜ぶ。 ・プールの中を走り回り、転び、水を飲むが、すぐ起き上がり走り回る。 ・鉄棒で遊ぶ。少しの間ぶら下がれる。 ・「ありがと」と頭を下げる。 ・靴を脱がせて欲しいと、靴を脱ぐ真似をする。 ・飲み物が欲しいとき、コップや手で物を注ぐ真似をする。 ・木曽川へ行く。	・「もうひとつ」「もうふたつ」 ・しっこのとき「シー、シー」という。 ・乳母車を押すとき「おいしょ」という。	
	29	・ブランコに一人で乗る。	・「ひとつ、ふたあつ」	
	30	・鉛筆で落書きをする。	・「こっち」「おいで、おいで」	・「あいうえおの表」を寝る前に読ませる。

資料1-9（妻の育児日記より抜粋）

年・月数	月日	運動	発声と聴覚	視覚
1歳7ヶ月	7.31	・水遊び。 ・アヒルの真似をして歩く。カエルの真似をして歩く。 ・近所の子がアマガエルを捕まえ待ってくると、驚き、ひしゃくを持ちかえ、カエルをすくおうとするが、すくえないのでイライラする。	・「プール」 ・「パパ」「ねんね、ねんね」	・見た物を真似しようとする。
	8.4	・「手足口病」	・「いたい、いたい」	
	8	・手を腰に当て「プン」と怒った真似をする。 ・セミ取りに行く。	・「プン」	
	12	・アリを足でつぶす。アリの真似をする。		・アリが目につくようになる。
	18	・九州大分の高崎山へ行く。		
1歳8ヶ月	19	・大分県へ車で来ている。 ・魚釣りを見に行く。 ・家に着き、エサを練り、投げ込む真似をする。 ・盆踊りを踊る。		・人の動きをよく見ている。
	20	・おしっこ、うんこをはっきり教えるようになる。 ・フェリーに乗る。	・「ノー、ノー」「おしっこ」「うんこ」	
	21	・海を見て、プールという。	・「プール」	
	23		・「バイバイ」	
	24		・「おしっこ」	
	26		・「にゅうにゅう」（牛乳）	
	28		・「ニンチン」（人参）、「ママ」「ぞう」「ワンワン」「ポッポッポー、マメが」「マークン」	
	9.3		・「テッチャン」「だいじ」「たーけ」「イーだ」	
	4	・ハミングの容器にキャップで水を入れたり出したりする。		・手と目の協応が出来るようになる。
	8	・積み木を5段積み上げる。	・「パピー」（犬の名）、「カウ」「ムーン」	
	9	・動物園に行く。	・豹を見て「ニャーニャー、ニャーオン」という。	
	12		・「あったあ」	
	14	・一人で服を脱いだ。	・「えいちょ」	
	15	・古いテレビの部品に興味を示す。		
	16	・「子どもの国」へ行く。ゴーカートに乗る。		
	18	・何度も滑り台に乗り、滑る。		

資料1-10（妻の育児日記より抜粋）

年・月数	月日	運動	発声と聴覚	視覚
1歳9ヶ月	9.19		・「ママ」	
	23		・「ママの」「パパの」「どうぞ」「てっちゃん」	
	24	・電車を見て遊ぶ。「運動会」を見に行く。		
	25	・電車ごっこをする。	・「えき」「車庫」「東京」	
	26		・「パピー、アップル、ジュース」	
	28	・（身長79.5cm）		
	30	・台風	・「たっち」（立つこと）	
	10.2	・水を口の中でゴロゴロいわせて楽しむ。		
	3	・泣く真似をする。		
	5	・消しゴムで消すことを覚える。	・「ちぇんちぇい」（先生）	
	10	・（身長82cm）	・煙のことを「アワ」という。	
	17	・医者へ行き、名前を呼ばれると	・「ハーイ」と手を上げる。	
	18		・「ママ、プール」「パパプール」風呂に入りたがる。	
1歳10ヶ月	10.19	・カーテンに隠れて、イナイイナイバーをする。 ・台風 ・ピストルごっこが好き。 ・撃たれて倒れるとき、「あーあー」という。 ・交代すると「大丈夫」という。	・「イナイイナイバー」 ・「ムーンないねえ」（月が出ていない） ・「もっと」 ・「サンあっち、ムーンこっち」 ・「ベロ」「ベロベロバー」	・台風のため月が見えない。
	20	・すねる。		
	21	・愛知県美術館へ行く。	・「サヨナラ」	
	22	・テープに吹き込んだ自分の声を聴きたがる。 ・丸を描くことができる。 ・冗談をよくする。 ・今日、見たこと聞いたこと等、簡単に話をしようとしている。身振りを交えて話す	・「ごめんね」「どうも」「ぞうさん」「どいて」「ないね」「とって」「もっと」「あっち」 ・「かけて」「もう一回」 ・「マッチ、大きいワンワン」	・見たことをよく覚えている。
	28		・「とって」	
	30		・「あっとう」（ありがとう） ・「おかえり」	
	31		・「バイバイ、行ってらっしゃい」 ・「ノーノー」	
	11.8	・「ただいま」というと「ただいま」と迎えるので、「お帰りなさい」を教える。		

資料1-11（妻の育児日記より抜粋）

年・月数	月日	運動	発声と聴覚	視覚
1歳11ヶ月	11.19	・ままごと、おにぎりを作る真似。		
	20		・「オッパイ」「からい」「三十、七十」	
	23	・ミカン狩りに行く。	・ミカンを見て「ムーン」という。 ・「大きいね」「ちっちゃいね」	・似ている物に例えている。
	28	・粘土を伸ばしてヘビと言って遊ぶ。	・「ヘビ」「ちなう」(ちがう)「ぞうさん、耳」「すがちゃん、ばあちゃん」	
	12.8	・水疱瘡		
	9	・砂山を作りながら。	・「パパの大きい。ママの小さい。てっちゃんの小さい」 ・「パパのって」	
	12			・赤、青、黒色が分かる。
2歳	12.19	・(身長81.5cm体重10kg)		
	22	・粘土「トンボ」を作る。	・「トンボ」「おばあちゃん」	
	26〜28	・伊豆へ旅行 ・ピストルごっこ、電車ごっこ、トランシバーで、むねお君と遊ぶ。	・「新幹線」「ばあちゃんのおうち」	
	31		・「ハレルヤ、ハレルヤ」歌う。「なーちゃん、たんちゃん」	
	1.1	・たこあげ。 ・「パパのてっちゃん」というと、「ママのてっちゃん」という。 ・詩を教える。	・「たこたこあがれ」「てっちゃんのたこ」 ・「たすけて」「プールはいろ」「ママきれい」 ・「おーい、くもよ、ゆうゆうと」	
	8	・ピーナッツをねだる。	・「てっちゃんもちょうだい」「とって、てっちゃんの」「はんぶんこ」「ひとつ、ふたつ」	
	13	・伊吹山 へスキーに行く。	・帰りたくなると「おうち」という。	
2歳1ヶ月	1.22		・「ひとつ……とお」教える。	
	26		・「豆買って、はとぽっぽいくの」	
	27	・県美術館へ行く。 ・エスカレーターに一人で乗れず、立ち往生してしまう。 ・風呂 ・おもちゃを洗う。	・「せんろ、あったねえ」 ・「トンネルは」「噴水に行く」「キップは」「黄色い電車乗ったね」 ・「ママやって、脱げない」「助けて」 ・「きれいになって」「おかたづけ」「タオルは」「10円ちょうだい」「100円ちょうだい」	・絵の中から、ムーン、サン、ネコ、犬など探しながら回る。 ・黄色が分かる。
	2.4	・節分 ・私が赤鬼の格好をして出ると、昨年は泣いたが、今年は豆を投げてくる。	・「福は内。鬼は外」	・鬼の中身がおぼろげに分かる。
	11	・妻の実家へ行く。 ・滑り台 ・竹箒で掃除をする。	・「お家帰る」「パパは」「パパいいの」 ・「落ちるよ、こわい」「ここもって」	・高さを怖がる。

資料1-12（妻の育児日記より抜粋）

年・月数	月日	運動	発声と聴覚	視覚
2歳1ヶ月	2.17	・明け方 、目を覚まし、ぬいぐるみの猫、ウサギ、熊を見つけ安心して寝る。 ・夜、寝る前に本を読む。	・「ニャーオは」「うさちゃんの家」「こっち、くまさんの家」「いっしょのニャーオンは」「いっしょのうさちゃんは」「いっしょのくまさんは」「かめさんみたいね」 ・「これいい。これいい」	
	18	・踊りが好き ・新聞を破りおじいちゃんの頭に投げる。	・「じいちゃんの頭、鬼は外」	
2歳2ヶ月	2.21		・（てっちゃん、お餅を食べる。）「きのう、食べたからいらない」	
	22		・「いっただけだわ」「散歩は散歩」 ・（お風呂に入っていないので、入ろうというと）「もう入った、嫌だ」	
	24	・「天平のいらか」を見に行く	・（男の子が、ジュースを買いに行くのを見て）「てっちゃんも飲んだわ。ほにゅうびんで」	・人の動きをよく見ている。
	25		・「パパにきいて。パパとつくるの」 ・「大きいチュー（坂）へ行く」「いったね」「ぼんぼり」「うめ」「パパのシャツもっと持ってくる」「お金ない。買わない」「ママ」傘は」「ママ傘忘れて、冷たいよ」	
2歳3ヶ月	3.24	・おじいちゃんが玄関で靴下を脱ぐのを見て。 ・てつやは自分の靴下をもってくる。 ・「滑り台」	・「おじいちゃん、ばっちいの」「足が冷たいよ」「きれいの靴下持ってくるね」 ・「こわいよ。おちちゃう」	・気をきかすほど人の動きをよく見ている。
	25	・自分の思い通りにならないとすぐ泣く。 ・つくしを取りに行く。	・「とれない。とれない」	
	28		・「つめたいのは、つめたいのほしい」	
	30	・パジャマについている、ふうせんの絵を、飛ばす真似をする。	・「ふうせんのズボンは」	

資料1-13（妻の育児日記より抜粋）

年・月数	月日	運動	発声と聴覚	視覚
2歳4ヶ月	4.20	・階段があるところでは、両足をそろえてとぶ。 ・「八郎」の本を読み終わってしばらくして話す。 ・夜中、おしっこに起き出して八郎の話をする。	・「タクシーもバイバイ」「下りてこいサーちゃん。おりてらっしゃい」「ドラえもん、かいて」「あれに乗りたい」 ・「ハチロウさんは」「ハチロウさんは」少し泣くように言い出して。「ハチロウさんは」（八郎さんは海の中に沈んだのよ）というが、「ハチロウさんは」	
	22		・「大きな船、トラックに乗ってるね」 ・「待って頂戴ね。てっちゃんもうすぐ行くからね」	
	5.3	・藤原岳に行く。		
	7	・ハサミを使い紙を切る。 ・パピーを連れて散歩。車が来ると川に落ちるといって犬を抱き上げる。	・「A・B・C…」の歌を唄う。	
	8	・犬の散歩		
	10	・電車	・「ママのハッピーバースデーをする、ケーキ買ってきて」 ・「タリラの電車来るね」（名鉄電車特急の音）	
	5.10	・ハトを見に行く。 ・ひつじに草を食べさせる。	・「ハト下りてこい。てっちゃんの豆食べて」 ・「メリーさんのひつじ、草食べたね。おいしい、おいしいって食べたね」 ・「ねむたいもん」	
2歳5ヶ月	5.19	・自分でズボンを脱いでおしっこをする。 ・おっぱいの「お」の字を覚える。		・字を覚える。「お」
	20		・「ママはこっちからくるわ」「ママは電話ないね」	
	28	・幼稚園へ遊びに行く。	・「今日、あったかいから、外へ行こう」「ストロベリーがね、かくれんぼしてたの」「えっとね。はっぱの下」	
	6.2	・わら半紙に丸を描く。	・「いけないの」	
	5	・テレビでチャンバラをやっていたがチャンネルをかえ野球にする。	・「これはいかんよ」 ・「こっちだよ。こっち」	・テレビの投手の動きから、どっちの足を上げてたかに答える。よく見ている。
	14	・電話を受ける。	・「もしもし、はいはい、ゆきのです」	
2歳6ヶ月	6.28	・人形劇を見る。		
	7.13		・「人形劇見に行くの」 ・「ゆみちゃんも連れて行ってやらないかんよ」	
2歳7ヶ月	20	・長島温泉、ジャンボ海水プールへ行く。	・「これ木曾川」	
	8.6	・霧ヶ峰へ旅行。	・「しゅんちゃんにも、順番」	

三年生　絵画「タケノコ」（平成二十二年度）

このクラスは、男子十七名、女子十三名のクラスで、三年生は単学級でした。男子五人ほどが、自己主張も強く、クラスの雰囲気を壊すようなところがあり、すねたり、乱暴な言葉遣いであったりで、どう導いていったら良いかと悩まされました。

家庭訪問も終わり少し落ち着いたころ、竹藪のあるお宅を家庭訪問したときのことを思い出しました。「タケノコがある」と。

三重県の中井先生のタケノコの絵の指導を思い出し、この子達には、少し抵抗が大きいかも知れないが、この時期に集中して取り組ませる価値はあると考え、タケノコを分けてもらいに行きました。十数本ほどいただくことができました。

根のついている物と、ついていない物がありましたが、タケノコの皮の組み合わせに私の注意がいっていて、根の大切さに、そのときは気付いていませんでした。

タケノコを分解

三つのグループになり、もらってきたタケノコのうち数本の皮を剝がしていき、どんな仕組みになっているかを調べました。

皮は交互に組み合わさっていて、描くときに同じパターンの繰り返しで描けること。この大きさのタケノコなら、十二枚から十四枚ほどの皮であることや、一晩で一メートルほど伸びる力があることなど、調べたりしました。

今考えると、根で隣の竹と命を繋げているのだから、根のことを、もっと大切に調べさせれば良かったのにと反省しています。

下絵を描く（鉛筆と墨汁）

6Bの鉛筆を使い、八つ切り画用紙二枚を縦に繋いで描いていきました。

描き初めはタケノコの下の切り口の部分から描いていました。切り口部分の横の長さが決まれば、頂上までの高さが決まると思い、出来るだけ大きく描くように指示しました。

鉛筆の下絵が出来たら、墨汁でタケノコの繊維を描いていきます。

墨汁に、二種類有ることにこのときは気がついていませんでした。汚れたら洗い落とすことが出来る墨汁があったのです。色をつけるときに青くにじんでいき、初めは困ったなと思いました。

しかし、土の中から出てくるタケノコだ、汚れているのは当たり前と、心に決めました。

太陽の光の色、黄色を塗る

墨汁でタケノコの絵が描けたら、黄色を着けていきます。このときに、墨汁が青く広がっていき、きれいな黄色にはならないのです。

画用紙は、四つ切り二枚をガムテープで縦に繋げたものですから、机の上では描くのに調子悪く、床の上で描くことにしました。

鉛筆の下絵のときは、床のタイルの隙間で鉛筆を取られ画用紙に穴を開ける可能性があり、鉛筆を強くおさえて描かないように注意させました。

筆にかわってからは、タイルの隙間はそれほど気にすることはありませんでした。

机をよせてその間に座り込み、二、三人に一本のタケノコを見ながら楽しげに描き続けます。

根の方から、上へ生長するので、下から上へ向けて黄色を着けていきました。

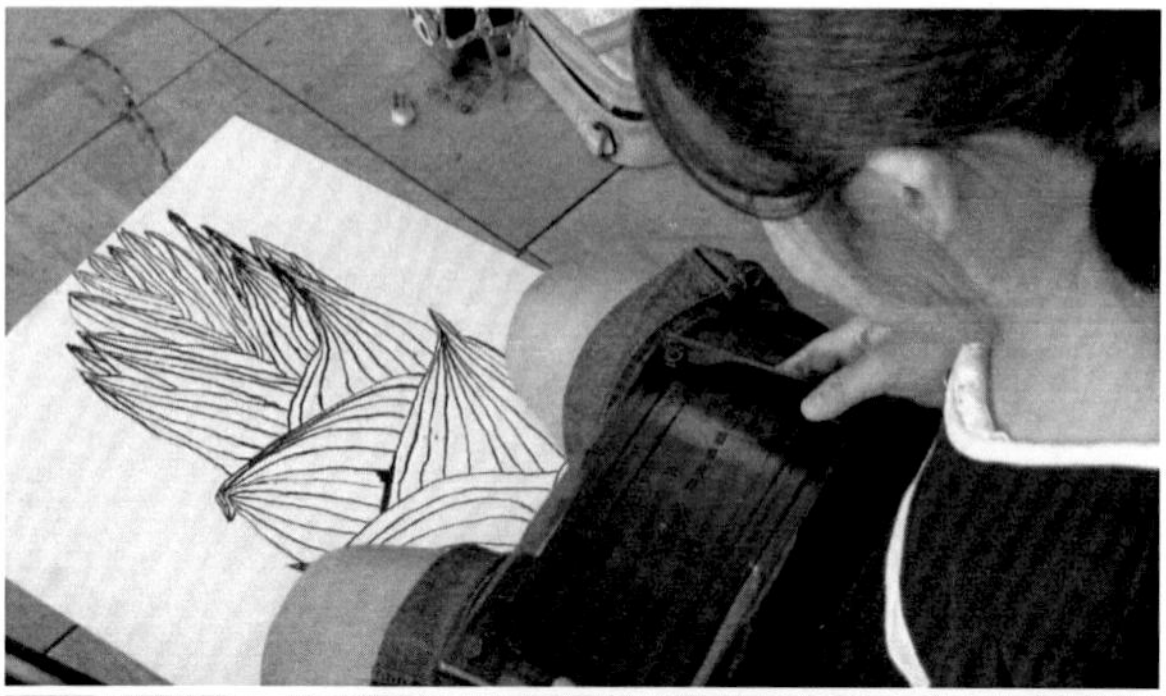

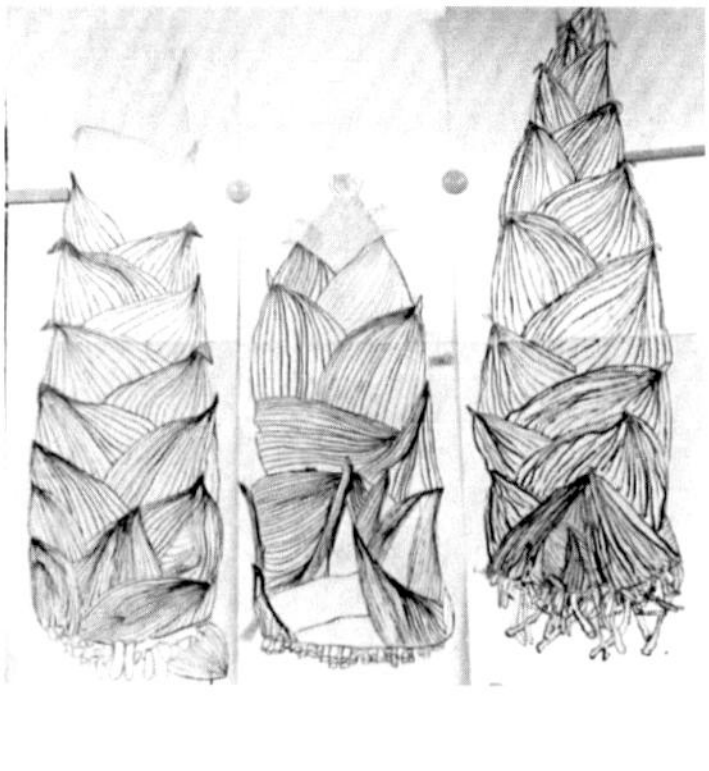

着色

黄色が塗れた子から、茶色、黄土色などで皮の色を濃くしていきます。三角のような形をした皮の一枚、一枚をブロックとして下から仕上げていきました。

繰り返す作業が多いので、着色の要領は最初の一枚でほぼ覚えてしまいました。ただ、色を着ける面積が大きいので一気に塗ってしまいたい気持ちをおさえなければなりません。根元の方は土に埋まっていたので、少々、色のつけ間違いや少々の汚れがあったとしても、味として見ることができます。おおらかな気持ちで作業させることができるので、あせることはありません。

二週間ほど立つと、だんだん匂いが出てきて教室に置いておくのは難しくなってきました。その後の色つけは、皮を剝いでイメージで描いていく子もいました。

完成

前黒板に掲示しながら、お互いの作品を振り返ると結構な大きさになり、それなりに迫力もあり満足感もありました。

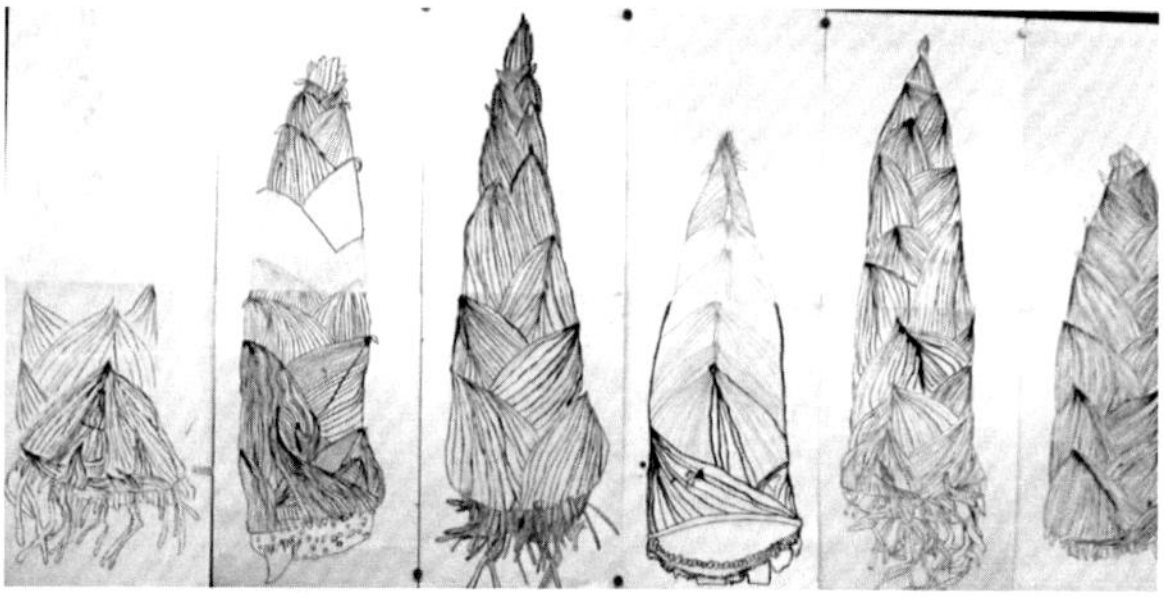

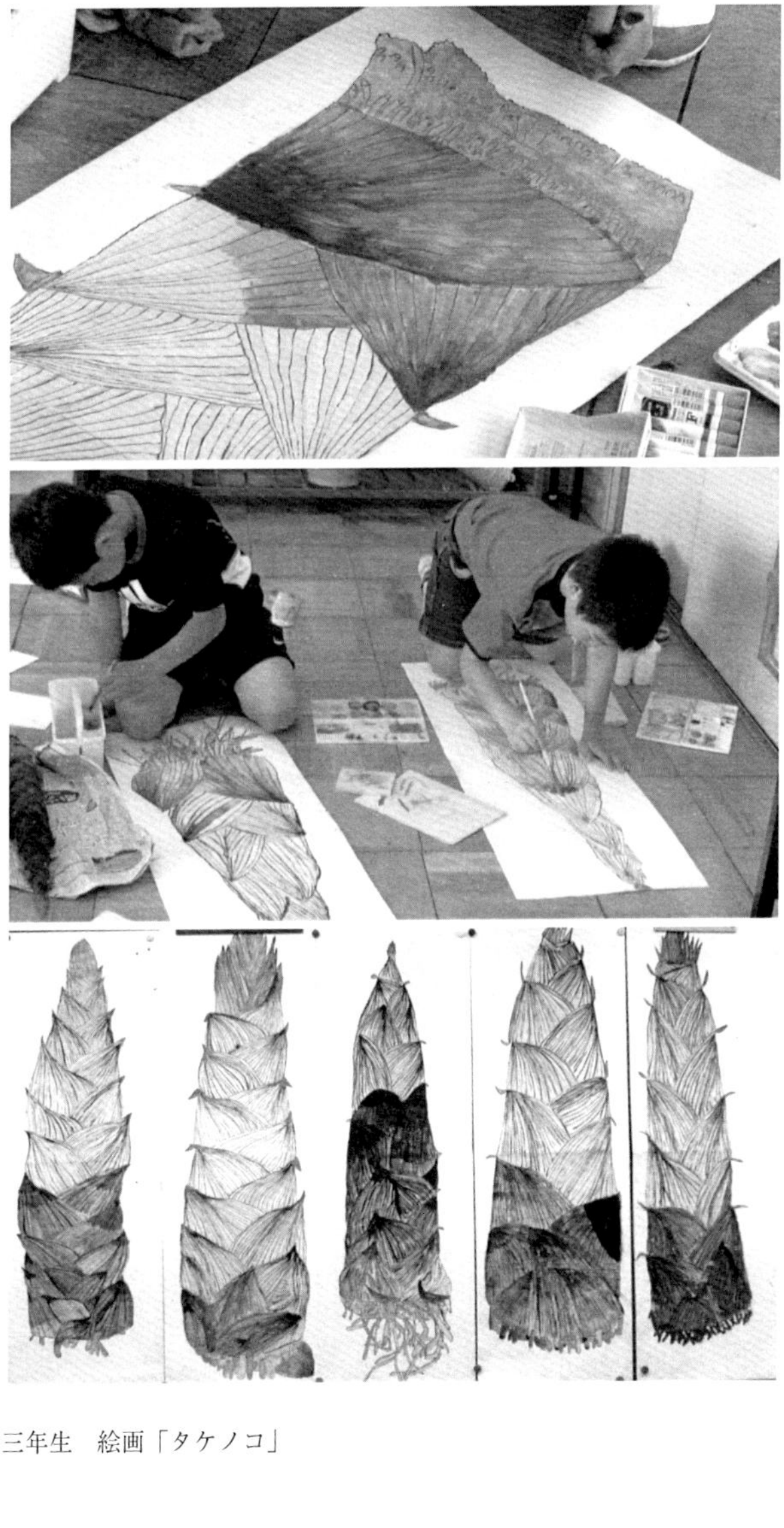

217　三年生　絵画「タケノコ」

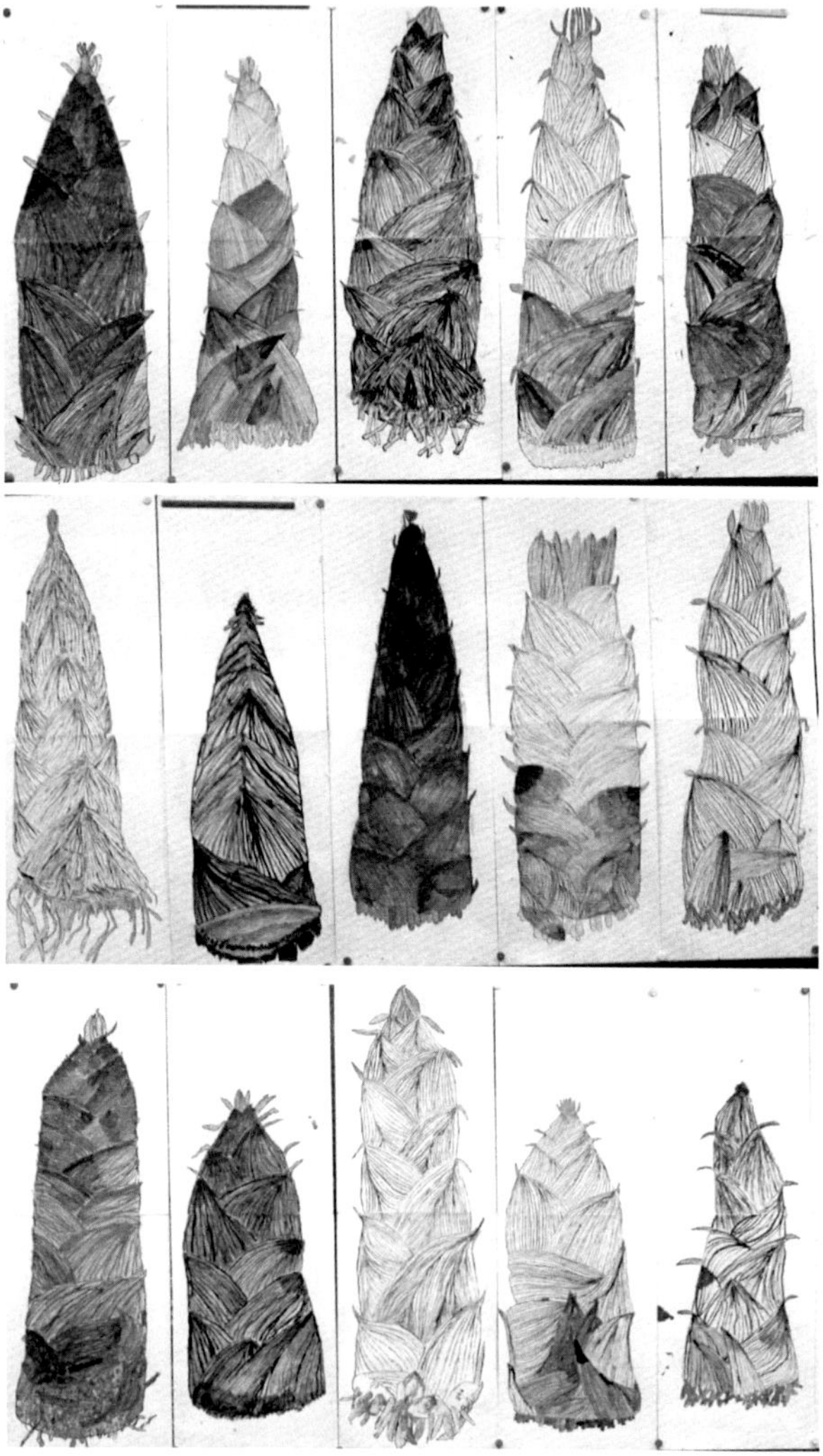

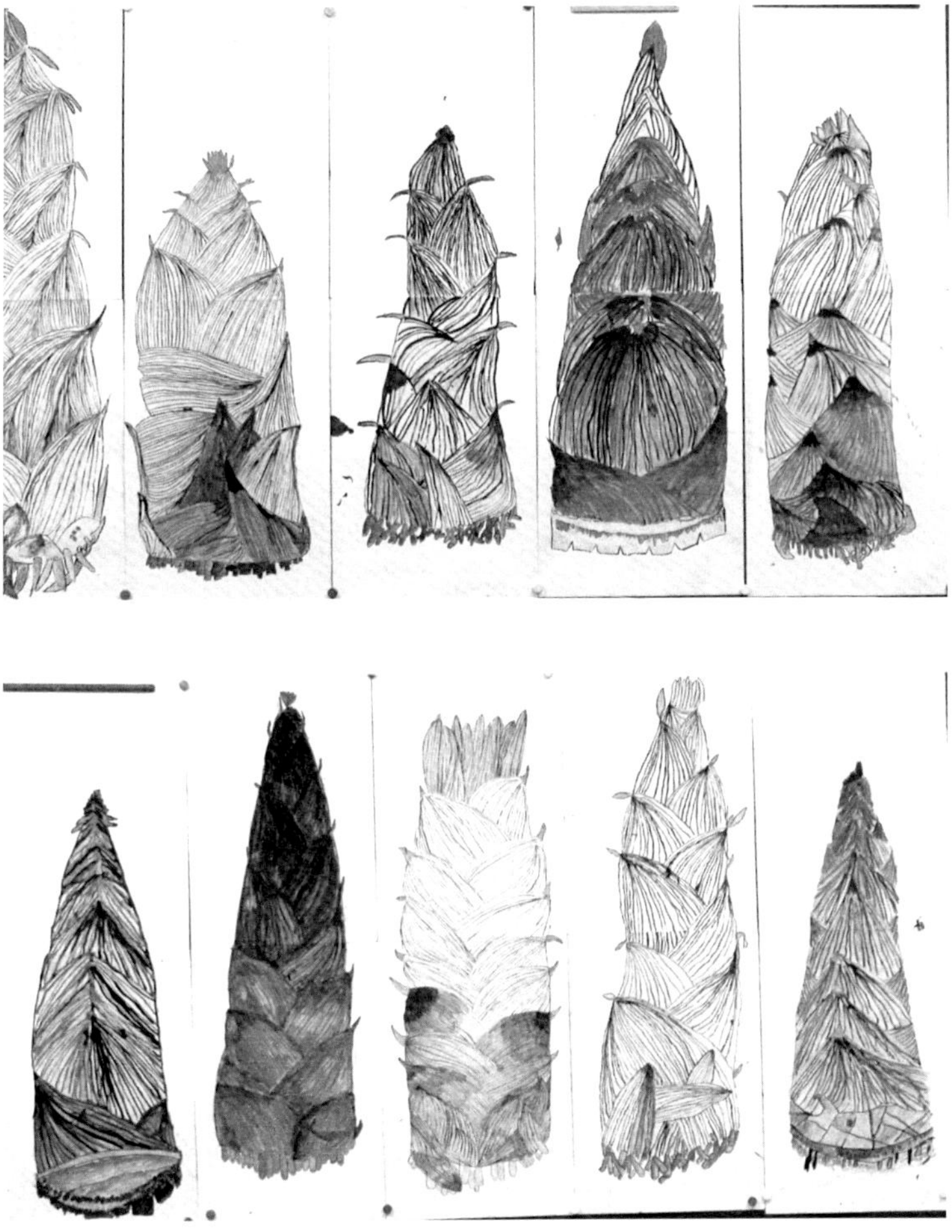

219　　三年生　絵画「タケノコ」

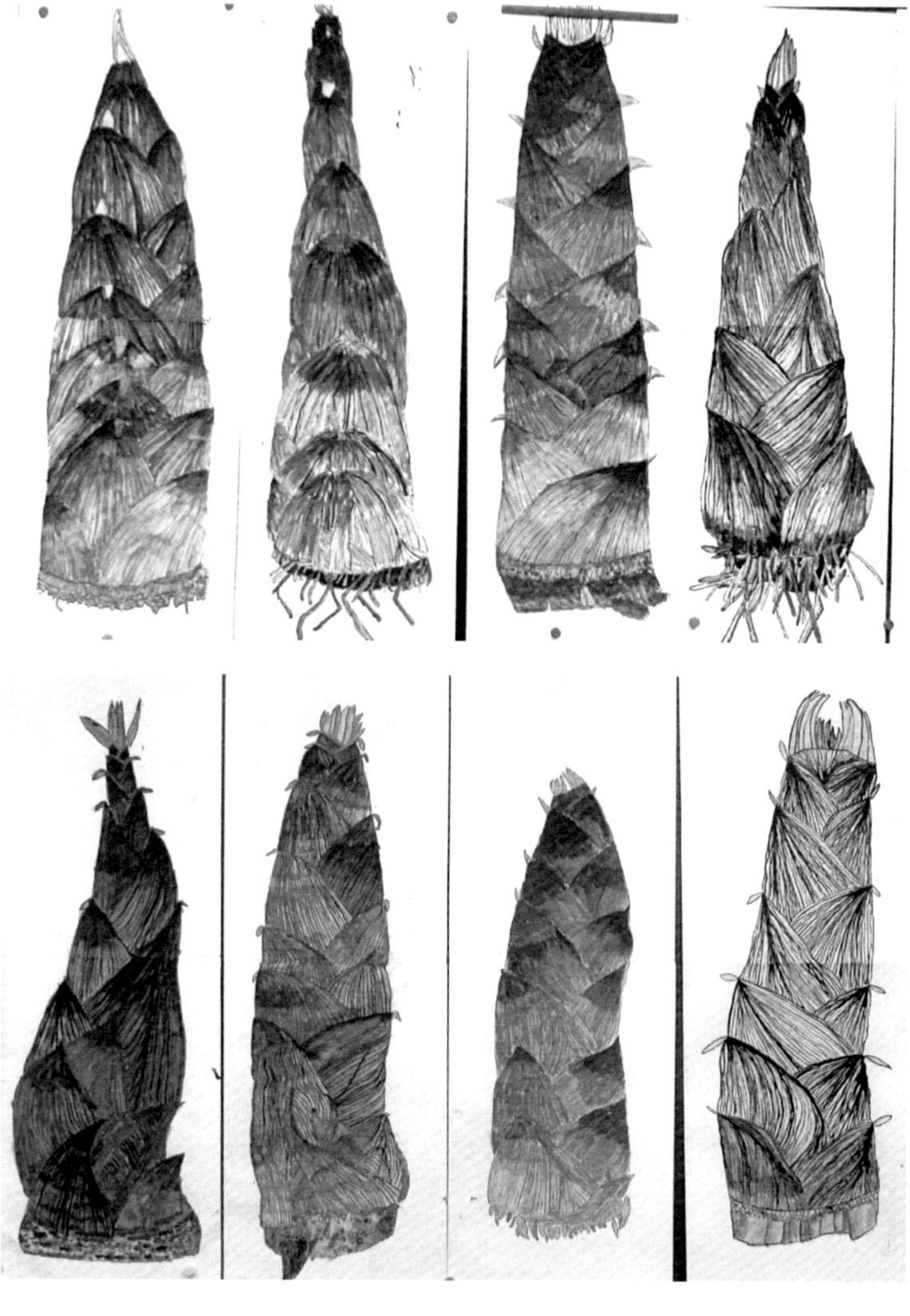

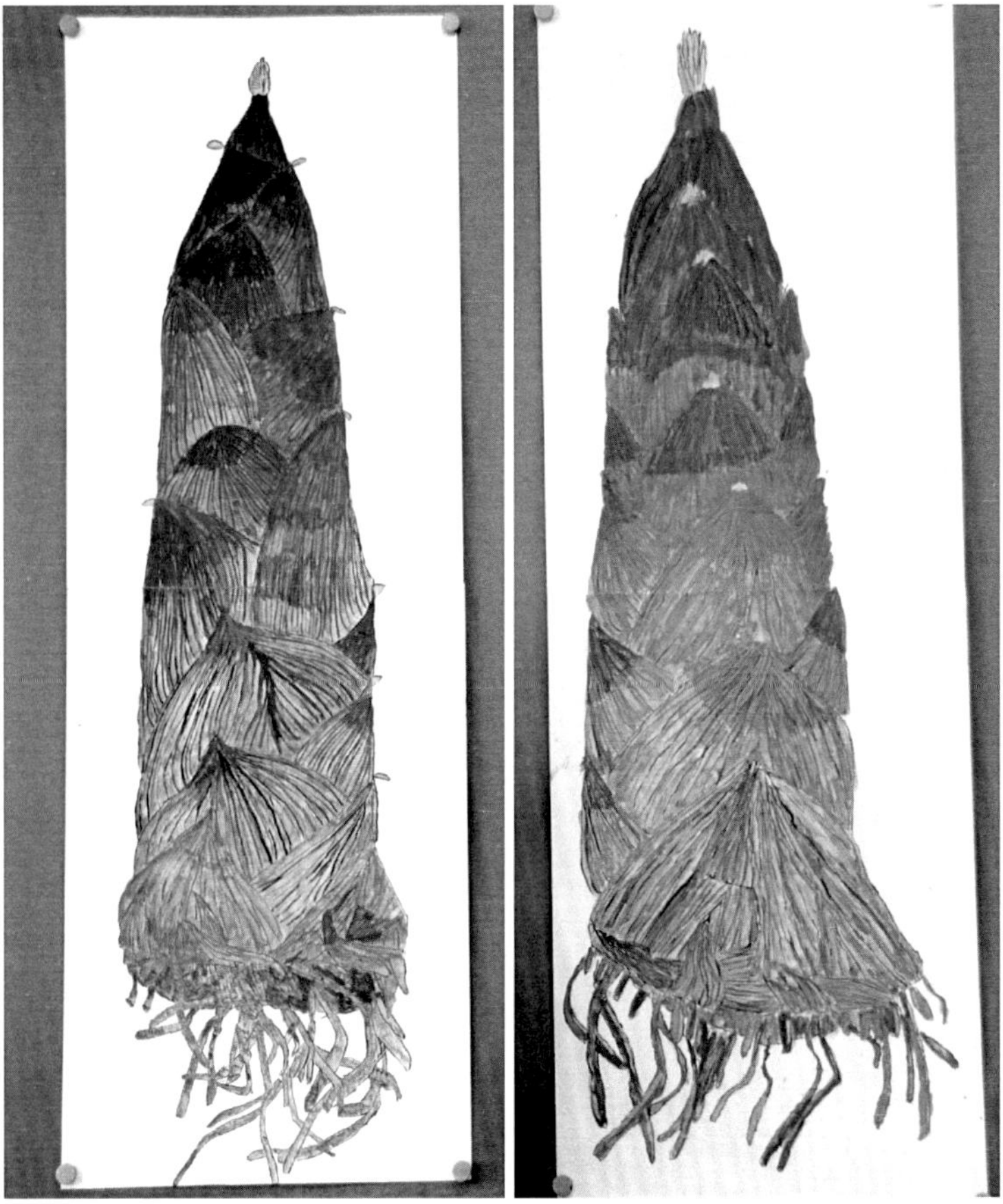

221　　三年生　絵画「タケノコ」

ちょっと長いあとがき

斎藤喜博先生との出会いは、大学時代に友人が、大学の生協で見つけてきた『島小の授業』あたりだったと思う。すごい人がいるのだと話し合ったことを記憶している。

半年間、小牧で講師として勤めていたとき、「島小の合唱」の録音テープを持っている先生がいてそれを借りて、叔父と聞いた思い出がある。合唱っていいなと思った。そんなとき、公開研究会があると知り、すぐ参加を申し込んだ。

初めて斎藤喜博先生を見たのは、公開研究会で大きな旅館の畳に会員が座っている中を通る、背が高くキリッとした先生だった。

それからは、斎藤喜博著と書いてある単行本を買い込んできて、何回も読みふけった。『写真集　いのち、この美しきもの』を手に入れたとき、うれしくて勤めていた小学校へ持って行き先生方と一緒に見た。卒業式での子どもの姿に、音楽会での大きな口を開け伸び伸びと歌っている姿に感動し、「こんな子どもたちの姿を創り出したいね」と語り合った日が懐かしい。

とにかく斎藤喜博先生に教えていただきたいという思いで研究会や、公開されている学校へ通った。

「雨くん」の模擬授業は、とにかく一歩を踏み出さねばとの思いで授業者に手を上げてしまった記録である。

国語の授業は当時のわたしにはどう手を出していいものか分からない、難しい教科であった。私は愛知教育大学保健体育科卒業で陸上競技が好きだった。

冬の公開研究会には、何かを斎藤喜博先生に見ていただこうと心に決めた。共同制作や物語の絵などに感化を受け、図工ならば毎年、持って行き見ていただけると思い、図工での研究に取り組むこととした。

一つには、石川県の東陵小学校で見た池本洋子先生の五年生「葉鶏頭」の絵から受けた衝撃であった。同じ五年生なのに、マッチ棒のような葉鶏頭しか描かせられなかった惨めさであった。五年生の「ビンの絵」を見てもらったとき、斎藤先生から、「描きなおさせてみたらどうですか。」と言う言葉から、次の年持ち上がった六年生の「ビンの絵」となった。

一年生の共同制作「三コ」は、紙の大きさやどこを分担するのかなど問題はいっぱいあったけど、一年生でも話し合い活動などできていたのが楽しかった。

「牛の絵」は、学校のすぐ近くで牛を飼っている農家があり、描くために協力をしていただけ幸いであった。牛の魅力は子どもたちの心をとらえて離さなかった。描き始めた子達は、全身を大きく描くつもりだったようである。頭だけの絵になったのは、今思うともったいなかった。

四年生の「グローブの絵」にしても、本格的な美術の知識があったわけではなく、子どもたちが「これでいいか」と聞きに来ると、「まだ、だめだね」を繰り返すような教え方であった。未熟な教え方から抜け出ようと、七転八倒をしていたときに斎藤喜博全集を読んで、その時どきの感想や決意を記録し、その時どきの自分を振り返り見た。

斎藤喜博全集を読んで

第1巻……教室愛　教室記

①回目　昭和五十一年四月一日

・三十代の斎藤先生の仕事の一端がうかがえてとても楽しい「教室愛」である。子どもを叱り自責の念に悩んだり、子どもの前へ病気で、なかなか姿を見せられなかったりしたときの悲愴な斎藤先生の気持ちが伝わってくる。

私にとって、これから正式に新任教師として、五年生を担任する身であるので、随分と参考になった。（半年間講師として小牧の北里小学校で、二年生を担任した。）
・「教室愛」の中では、「劣生がいない教室、劣性などいなくなるような教育、ということをいつも念願しているものであり、また事実劣生などというものはないものであり、またいなくなるものであるということを信じているものであるが、そういう私の考えの基調をなすものは、『知能優秀者のみが決して人間価値の大なるものではない』ということである」。

②回目　昭和五十二年六月一日

③回目　昭和五十三年十月二十六日
・斎藤先生個人から始まり、単に先生だけの実践にとどまらない普遍的な実践の方向、力というものを学びたい。これから、四回目に向かうわけであるが、徹底的にこの本から読み取れるだけのものを読み取りたい。
・ヘトヘトになるような授業をしなくてはいけない。もっと目を鋭くすること。

④回目　昭和五十四年四月十六日
・「集中」、松の木にかかる雨の音を聞き逃さない。
「起立・礼」の号令も無く、礼をして授業が始まる。その静かな授業開始の様子。
・能力別指導や具体的な指導方法をたくさん創り出し、子どもたちを良くしようと努力している。今はまだ、無駄なようなことをたくさんしてみることが私には必要である。

⑤回目　昭和五十四年六月一日
・「具体につけ、具体につけ」この言葉を斎藤先生はよく口にしている。
授業の中で、具体的な方法を考え、時間を取り練習させていくこと。学習内容を獲得するためのスモール・ステップを考えていこう。その中で、子どもたちの心を耕していきたい。

⑥回目　昭和五十六年十月二十八日（右手首脱臼のため左手で感想を書いた。）
⑦回目　平成元年十月十七日
⑧回目　平成十年七月二十九日
⑨回目　平成十六年十二月二十七日

第5巻……教育の演出　授業

①回目　昭和五十一年四月十七日

・昨夜、祖小の歓送迎会があり、ある男性教師が設備のことをうれいていた。その言葉も、もっともだが、子どもの上に事実を作らないかぎり、いくら設備が整っても、自分がまた設備の無いところへ変わってしまえば、元の木阿弥である。自分に力をつけ、昨年は半年かかったなら、今年は三ヶ月で出来るようにし、子どもらの具体に即して考えていかねばならない問題である。

②回目　昭和五十二年九月七日

③回目　昭和五十三年十二月六日

・もし、私が次の人に言い残すことがあるとすれば、それは、自分の総力を挙げて実践を作り、人の前に自分の実践をさらけ出し、それによって、具体的にたたいてもらうこと。そして、他の優れた先生方の発表を見、自分の力のなさを徹底的に感じることだ。それが、力をつけることになる。斎藤先生に、授業を見ていただこう。それが、私にとって一番いいことだ。

もうじき広島の鍋小学校の学校公開に行ける。校長先生が、研修扱いにしてくれた。これには驚いてしまった。うれしい。

④回目　昭和五十四年九月三十日

・合唱発表での舞台への歩き方に強く心をひかれた。逆瀬台小学校の学校公開での四年生女子の歩き方が、強く心に残っている。

⑤回目　昭和六十年二月二十七日

・明日、宮坂義彦先生が海部郡の学校に入られる。祖中にも入られることは、出来ないだろうか。

⑥回目　平成十一年

・授業での記憶力を鍛えること。

第7巻……私の教師論　教育現場ノート

①回目　昭和五十一年十一月二日

・東陵小公開に行ってくる。今は、満ち足りている。とても気持ちがいい。
　しかし、朝、五年生の池本学級をのぞいたとき、子どもたちの様子や、教室の雰囲気に押されて、非常に惨めな気持ちになった。涙が出た。いったん教室を出て、涙を拭った。たった二、三分教室に足を踏み入れただけだったのに。池本先生の教室と子どもが、私の力のなさを揺さぶってきたのだった。
・前の黒板に向かって、左側の壁に、たわわに咲いた葉鶏頭の花。教室の右の廊下側の壁にも、薄く黄色が塗ってある作業途中の葉鶏頭の花。とても立派だった。私の五年生の二人の子の作品は、四つ切りの画面に、まるでマッチ棒の赤い頭が二本、なんと寂しいことだ。自分が惨めでならなかった。
・子どもたちの、頬は紅潮して、きれいなピンク色になっていた。こんな子どもの姿があるんだと自分の力のなさに落ち込んだ。
・「おじいさんのランプ」の授業だった。夢の世界にいるようだった。受け答えをする子どもたちの声も澄んでいて気持ちがいい。
・武田常夫さんが「罪悪」だという言葉の意味が初めて分かった。たった二年余りで学校はこんなに変わるのだということを知った。事実なのだ。明確な事実なのだ。来年も公開があって欲しい。六年から七年公開を続けている学校、島小や境小に近い実践を積み上げている学校をこの目で見ておきたい。自分で作ってみたい。

②回目　昭和五十二年十月六日

・解釈も弱い。展開などさらに。子どもの声が聞こえてくるような授業を作らないと。

③回目　昭和五十四年一月十二日

・「記憶力」をつけたい。確実に一時間の子どもの発言、表情を思い起こし記録できるよう、自分を練ること。今年は腰を据えて目の前にいる子どもについて考え、一日一時間は必ず、教材解釈などの研究をした上で行うようにする。読書量にもこだわっていき、私が本当になすべきこと、授業者であるからには、授業を大切にするということを忘れてはならない。あくまで今年からは、授業と真正面からぶつかることだ。そのため他の本が読めなくなってもしかたあるまい。

・驚き、感動することで、素晴らしいことを、発見する目をつける。

④回目　昭和五十四年十一月十三日

・十二日に指定授業を行う。やはり主発問がまずかった。これに子どもたちが躓いてしまうなんて考えてもいなかった。具体的でなく、限定的でなかったので、曖昧だった。国語の授業での発問の作り方がまずかった。あらゆる場合に対して第二、第三の発問を作っておかなければならなかった。十一月一、二日に逆瀬台小学校の発表を見に行った。自分たちで学級を作ろうとしている。そのことが、うらやましくてならなかった。

令和四年に七十歳となり、自分なりに一区切りをつけられればと、図工の記録を中心に実践をまとめてみました。

一莖書房の斎藤草子さんには、遅筆な私に対し、ゆったりと構えていただき、様々にご教示を賜りました。たいへんありがとうございました。

二〇二三（令和五）年五月　　著者

〈著者紹介〉
幸野哲良（ゆきの てつよし）
昭和 27 年　大分県生まれ。
昭和 50 年　愛知教育大学教育学部保健体育科卒業。
昭和 64 年　愛知教育大学特殊教育特別専攻科修了。
平成 21 年　第三回　愛知県教育委員会教員表彰受賞。
平成 22 年　平成 21 年度文部科学大臣優秀教員表彰受賞。

現在、退職後も担任として勤務。

子どもが輝く授業を ――わたしの美術実践

2023 年 7 月 10 日　初版第一刷発行

著　者　幸　野　哲　良
発行者　斎　藤　草　子
発行所　一　莖　書　房
〒 173-0001　東京都板橋区本町 37-1
電話 03-3962-1354
FAX 03-3962-4310

印刷・製本／アドヴァンス　ISBN978-4-87074-250-5　C3037